El chamán moderno

Guía chamánica para la abundancia y las relaciones

por Antonio Siano

El chamán moderno

Nota Legal

Este texto se proporciona únicamente con fines informativos y de ninguna manera reemplaza la opinión profesional de médicos, psicólogos u otros expertos en atención médica. Cualquier referencia a estudios científicos, tratamientos alternativos o "medicinas naturales" en este libro no debe interpretarse como consejo médico ni fomento del uso de dichas prácticas.

Se recomienda encarecidamente a los lectores que consulten con un profesional cualificado cualquier condición física, psicológica, mental o emocional que puedan tener antes de realizar cualquier práctica o ejercicio mencionado en este texto. Las experiencias personales compartidas por el autor no pretenden sustituir el asesoramiento, tratamiento o diagnóstico médico profesional realizado por personal calificado.

Los ejercicios propuestos en este libro pretenden ser herramientas educativas y no un sustituto de tratamientos médicos o terapéuticos. Se recomienda realizar estos ejercicios en condiciones seguras y tranquilas. En particular, es importante no realizar las meditaciones propuestas mientras se conduce o se realizan otras actividades que requieran total atención para evitar riesgos para la seguridad personal y de terceros.

Índice de Contenido

Introducción

"Los mejores libros son precisamente aquellos que dicen lo que ya sabemos"

~ George Orwell

En busca del potencial oculto

¿Has sentido alguna vez esa sutil inquietud, esa sospecha de que la vida tiene aún más que ofrecerte, sin saber cómo hacerlo realidad? Quizás, en un momento de tranquilidad, te encontraste soñando despierto, imaginando una realidad diferente, más plena y rica. ¿Alguna vez te has preguntado si existe un secreto para una vida de abundancia y relaciones satisfactorias y, de ser así, cómo puedes descubrirlo? Estas preguntas, que resuenan en lo más profundo de nuestra alma, nos llevan a un viaje de descubrimiento. Cada paso nos acerca a esa versión de nosotros mismos que siempre hemos aspirado a ser, aquella en la que quizás soñábamos ser cuando éramos niños. En el camino, por razones que a veces olvidamos, hemos perdido esa conexión, quedando absortos en los "deberes" de la vida diaria. Saber reírse de uno mismo y de las pequeñas ironías de la vida puede ser el primer paso para reconectar con esa parte de nosotros que, en el fondo, siempre supo que había más por descubrir.

El poder de ser uno mismo

La frase "Nada es más poderoso que ser uno mismo" resonó en mí por primera vez con tan solo 11 años, en una época de crisis familiar y financiera, lo que afectaría mi rendimiento académico con la clásica frase: "tiene una inteligencia por encima de la media, pero no comprometido." No entendía cómo podía compaginar mi ser con mis compromisos escolares, pero decidí aprender un método de estudio. Ayudada por mi madre pero en particular por mi primera hermana Mariagrazia (considerada en la familia una becaria con excelentes resultados) comencé a entender cómo profundizar en los temas de estudio y al mismo tiempo poder expresar mi propio estilo. Mis viajes imaginativos jugando a ser un hombre rico y poderoso pero compasivo que daba a los pobres (me consideraba pobre o al menos entre las familias NO ricas) me empujaron a buscar lo que podía compartir con el mundo. "Deseo de grandeza" dijo alguien, pero dentro de mí sentí que era mucho más de lo que podía expresar.

En un momento en el que parecía que todo a mi alrededor se estaba desmoronando, descubrí una verdad simple pero revolucionaria que moldeó el resto de mi vida.

Mi nombre es Antonio Siano, pero no soy sólo eso. Me defino como un emprendedor en serie y un chamán moderno. Soy padre, hijo, esposo, hermano, amigo, músico y muchas cosas más. Aquí, en nuestro espacio compartido, traduciré estos conceptos abstractos en principios tangibles y herramientas prácticas. Aprendí que puedo ser cualquiera sin necesariamente identificarme con él. Y, a pesar de los profundos problemas que enfrentamos, no olvides el poder de la sonrisa: es la herramienta que utilizo para afrontar la vida con ligereza y que espero que te contagie a ti también.

Un viaje compartido

Cada uno de nosotros es un viajero en este increíble viaje llamado vida, y las respuestas a sus preguntas se pueden encontrar aquí, entre estas páginas. Independientemente de su cultura, situación financiera o antecedentes, "The Modern Shaman" lo invita a explorar las profundidades de su autenticidad y desbloquear el potencial inexplorado que se encuentra dentro de usted.

Estas palabras son el punto de partida de nuestro camino. Las preguntas que abundan en tu mente finalmente pueden tener respuesta: ¿Qué significa realmente "ser tú mismo"? ¿Cómo podemos transformar los desafíos en oportunidades de crecimiento? ¿Es posible vivir una vida de abundancia y crear relaciones auténticas y satisfactorias?

Sumérgete en un viaje extraordinario conmigo, explorando juntos los fundamentos de la fuerza, las curvas de la juventud y las lecciones que he aprendido a lo largo del camino. Cada capítulo abrirá una ventana a mi vida y, lo que es más importante, reflejará la tuya, ofreciéndote la clave para descubrir tu potencial oculto.

En mi vida, he tenido el privilegio de conocer a muchos 'Maestros', personas que han moldeado mi ser de maneras inesperadas y espero que tú también los conozcas a través de mis palabras. Este viaje de aprendizaje comienza con mi familia - mis padres, hermanos y hermanas - cada uno de ellos ha dejado una huella indeleble en mi corazón y mi mente. Pero la inspiración más importante provino de mi esposa Rossella, a quien recientemente le regalé el libro "Tribe of Mentors" de Timothy Ferriss.[1], escribiéndole como dedicatoria: "Eres la Maestra más importante para mí".

Es en mis hijos Alessandro y Riccardo donde descubrí a los Maestros más esclarecedores. A través de ellos, casi como si me mirara en un espejo, puedo verme a mí mismo y las áreas en las que puedo mejorar. Su inteligencia, perseverancia y perspicacia, que superan con creces las mías, son no sólo motivo de admiración sino también un poderoso estímulo para mi desarrollo personal. Escucharlos tocar el piano o la guitarra, darme cuenta de lo talentosos que son -y lo afirmo con genuina admiración- no sólo me llena el corazón de orgullo, sino que también actúa como una brújula que me guía en el continuo esfuerzo por ser su digno viaje. compañero. Las lecciones que aprendo de ellos todos los días enriquecen mi vida de maneras que nunca podría haber predicho, y quiero compartir algunos de estos preciosos descubrimientos en estas páginas.

A estas palabras de reconocimiento y admiración, sumo un profundo agradecimiento por haber nacido en una familia que me proporcionó raíces sólidas y alas para volar. Extiendo este agradecimiento a mis padres, hermanos y hermanas y también a las familias que han creado, enriqueciendo mi vida con mis nietos. Cada miembro de mi familia biológica, con sus historias únicas y lecciones compartidas, ha sido una inspiración y una parte importante de mi viaje.

Mi agradecimiento también se extiende a la familia de mi esposa: mi cuñada, mi suegra y su padre. Aunque mi tiempo con él fue corto

---

[1]Referencia en el capítulo "Referencias bibliográficas"

antes de su fallecimiento hace muchos años, dejó un recuerdo maravilloso y duradero en mi corazón.

Gracias por ser mi brújula, mi refugio y las estrellas que guían mi camino, enriqueciendo cada día mi existencia con una profundidad y significado que sólo la familia puede ofrecer. La presencia de cada miembro de mi familia extendida en mi vida es un regalo invaluable, una fuente continua de aprendizaje, amor y alegría. Agradezco cada momento compartido, cada sonrisa intercambiada y cada lección aprendida junto a ellos. Esta extensa red de vínculos familiares me enseñó la importancia de la conexión, el apoyo mutuo y el amor incondicional a través de su ejemplo y guía.

Reconocer un Maestro en quienes nos rodean es el primer paso para aprender a conocerse a uno mismo. Podemos encontrar inspiración constante en las personas que nos rodean y en la rica historia de la humanidad. Cada encuentro es una oportunidad de crecimiento y reflexión, un viaje para descubrir quiénes somos realmente.

Te invito a tener siempre este libro a la mano y consultarlo en diferentes momentos de tu vida, tal como me enseñaron. Cada etapa de la vida trae consigo diferentes desafíos y oportunidades, y este libro puede ser una guía valiosa en cada etapa de tu viaje, un compañero silencioso que te acompañará en tu viaje de descubrimiento interior.

Al final de cada capítulo encontrará ejercicios, identificados por códigos específicos, que han sido cuidadosamente diseñados para guiarle. Los códigos evolucionan con tu progreso, son un método de organización y representan un viaje profundo hacia tu subconsciente, revelando capas y aspectos de ti que quizás ni siquiera sabías que existían. Es una especie de enigma, donde cada código a descifrar es una clave para acceder al lugar más secreto donde se guarda tu Verdadera Esencia.

Aplique estos ejercicios durante al menos 21 días, llevando un diario de sus avances y descubrimientos. Esta es una invitación a tomarte un tiempo para ti, nutrir tu alma y cultivar el jardín de tu ser interior. Con cada página y cada ejercicio, tendrás la oportunidad de crecer, de evolucionar, de florecer.

Verás cómo, paso a paso, comenzarás a desbloquear y explorar nuevos horizontes de tu ser. ¿Estás listo para esta aventura para descubrir autenticidad, abundancia y relaciones más profundas? Comienza este viaje conmigo.

Juntos caminaremos por los valles y montañas de tu alma, descubriendo tesoros escondidos e iluminando rincones olvidados de tu corazón. Descubriremos cómo convertir los desafíos en triunfos y cómo tu verdadero potencial puede iluminar cada aspecto de tu vida, aportando una luz radiante a cada paso que des.

Raíces y crecimiento

"Todo adulto lleva dentro el corazón de un niño."

~ Antoine de Saint-Exupéry

Infancia y familia

Nací en 1973 en una casa modesta de la provincia de Nápoles en Italia, inmersa en un ambiente familiar lleno de amor, pero marcado por dificultades económicas. Mi infancia, aunque no fue fácil, me enseñó valiosas lecciones que moldearon mi resiliencia y fuerza interior. Con frecuencia, mi madre Anna Maria narraba el origen de mi nombre, una historia que siempre resultó fascinante por su extraordinaria capacidad para involucrarme en historias. Inicialmente habían elegido llamarme Fabrizio, pero la partera, al descubrir que sería uno de los dos gemelos monocigóticos con el segundo feto no desarrollado, propuso el nombre de Antonio. Era el día de la celebración de San Antonio y, según ella, yo parecía el ángel de ese santo. La historia de mi nombre, elegido tan repentinamente, refleja la naturaleza inescrutable y mística de la vida que siempre me ha acompañado.

Al crecer en una familia numerosa, aprendí la importancia de las relaciones humanas y la empatía. A pesar de algunas dificultades de salud y limitaciones económicas, encontré en la música un refugio y un medio de expresión. Las primeras habilidades con la guitarra, a pesar de mis dedos diminutos, marcaron el comienzo de mi viaje de autoexpresión y creatividad. Una pasión que, sin embargo, heredé de mi madre, que había estudiado piano cuando era niña. "Hace años que no toco las teclas", me dijo una vez con una sonrisa melancólica, "pero cada vez que te escucho tocar, es como si la música me curara y yo también estuviera tocando contigo". Aunque con el tiempo había dejado de lado la idea de tocar, a través de nosotros los niños redescubrió y compartió el poder, incluso curativo, de la música.

Música y crecimiento

La música ha sido la banda sonora de muchos eventos dentro de mi familia. De hecho, mi primer hermano mayor, Vincenzo, me enseñó a tocar la guitarra, ya que él mismo es un excelente guitarrista. Recuerdo algunas noches en las que organizábamos verdaderos conciertos en los que cada niño contribuía: Vincenzo a la guitarra, seguido de Lucio al bajo, mis hermanas Mariagrazia y Daniela a la armonía de las voces y yo, el más pequeño, el intérprete que a menudo también dibuja. para hacer reír a la gente, y finalmente a mis padres: el público que paga.

La risa siempre ha sido mi arma más poderosa, porque rápidamente comprendí que incluso en las situaciones más difíciles, un buen chiste podía al menos cambiar la perspectiva. De hecho, a día de hoy lo uso incluso en los proyectos que realizo, como una herramienta útil para no tomarse demasiado en serio y sobre todo para cambiar de perspectiva.

La sensibilidad y la capacidad de percibir el mundo de diferentes maneras, como cuando "hablé con los ángeles", han demostrado ser tanto una bendición como un desafío para mí. Tenía 6 años cuando le revelé a mi madre mi capacidad para comunicarme con los "ángeles de la casa". Ella, mujer de fe católica, manteniendo una actitud abierta ante la posibilidad de tales fenómenos, me puso a prueba. "Está bien, muéstramelo". Me concentré tanto que, con la ayuda de mi "amigo ángel", se encendieron las luces de la sala. Mi madre, impactada por lo sucedido, exclamó: "¡no lo vuelvas a hacer nunca más, es peligroso jugar con estas fuerzas!" Poco después, una nueva presencia se manifestó en la habitación de mis padres: "¡Antonio, basta, prométeme que ya no intentarás ponerte en contacto con estas energías!".

A partir de ese momento, durante un cierto tiempo, ya no vi nada, traté de concentrarme en otra cosa, orientando mis pensamientos infantiles hacia otras cosas. No sabía que estaba adoptando una técnica de pensamiento que me sería útil más adelante en la vida.

Aspiraciones y realidad

Crecer en tiempos de sacrificio, donde incluso el lujo de comer carne con regularidad parecía un sueño inalcanzable, me enseñó el valor de la resiliencia. Mis padres, a pesar de las dificultades, se dedicaron a nuestro crecimiento, tratando de aligerar el peso de la situación económica. Esta realidad me empujó a hacerme una promesa: algún día me haría rico, para liberarme de los problemas financieros de una vez por todas. De niño jugaba al multimillonario, y Daniela, mi querida "gemela" a pesar de la diferencia de edad, y compañera de juegos por excelencia, representaba a la fiel subordinada que venía a pedirme ayuda. Daniela tenía esa extraordinaria capacidad de empatizar con el papel y convencerme de que sus súplicas eran reales, hasta el punto de hacerme muchas veces estallar en llanto, para luego mirarme y convertir todo en risas, recordándome que simplemente era "todo un gran espectáculo". Incluso hoy en día, seguimos mezclando temas serios con momentos de pura alegría infantil, manteniendo todo increíblemente ligero.

Valentino, mi padre, nos observaba mientras jugábamos, a veces tan pensativo que podía vislumbrar conversaciones futuras. "Sólo ganan dinero los delincuentes, los políticos y todos aquellos que están dispuestos a comprometer sus principios morales". En su opinión, sólo el trabajo duro garantizará una vida estable, segura y digna de vivir. Estoy seguro que para él fueron recomendaciones necesarias para invitarme a quedarme con los pies en la tierra, a seguir un propósito, a no asociarme con personas cuestionables, pero ya por naturaleza no me atraía ese lado oscuro y solo seguí. soñar con una vida de prosperidad.

La ciudad donde vivía, en cambio, no me ayudaba mucho a pensar; la presencia del crimen organizado era evidente, se infiltraba en todos los aspectos de la vida. Mi padre me enseñó a defenderme físicamente y a afrontar los retos diarios. Mientras crecía, a pesar de no tener físico de luchador, era más bien flaco y delgado; Logré moldear mi cuerpo hasta lograr buenos resultados con el ejercicio físico.

Encontré el judo como el deporte ideal para valorar la disciplina y, sobre todo, las técnicas que me hacían muy fuerte. Mi maestro, Mario, era un hombre increíble; no quería oír hablar de peleas fuera del tatami. Con él aprendí a superar los límites de resistencia física de mi cuerpo y a comprender la importancia de la mente en el enfrentamiento con el oponente.

Entonces no podía darme cuenta de que el entorno me había obligado a aprender a defenderme, pero la violencia no formaba parte de lo que realmente soy. Había aprendido, de manera equivocada, a ser dura e intransigente, me involucraba en peleas innecesarias, en una ira cuyo origen no quería reconocer. Sólo con la edad adulta entendí con quién debería haberme reconciliado, a quién debería haber abrazado y amado sin reservas: a mí mismo cuando era niño.

Pensamiento positivo

Estas experiencias de resiliencia y lucha contra la adversidad, contrarrestando las creencias de mi padre y enfrentando las realidades de mi ciudad natal, sentaron las bases para una comprensión más profunda del poder del pensamiento positivo. A través de los conceptos expresados por Norman Vincent Peale en su libro 'El poder del pensamiento positivo'[2], que he leído varias veces, aprendí, por ejemplo, cómo un enfoque positivo de la vida, incluso en las circunstancias más adversas, puede cultivar la resiliencia y el optimismo desde una edad temprana. Me di cuenta de que mis esfuerzos por superar obstáculos y proteger a mi yo infantil eran en realidad expresiones de un enfoque positivo de la vida que moldearía mi futuro.

Podrías pensar: 'Antonio, ¿realmente tengo que escuchar tus recuerdos de infancia? ¡Ya tengo que ocuparme del mío!' Y yo digo: ¡claro que sí! Porque cada anécdota tiene su pequeña lección, y si puedo hacerte sonreír mientras te hablo de mi pasado, pues ¡diría que es un éxito doble! Cada uno de nosotros puede aprovechar las experiencias de nuestra infancia para comprender mejor quiénes somos hoy. Nuestros primeros años de vida son cruciales para desarrollar resiliencia y coraje, que son esenciales para afrontar los desafíos futuros. Te invito a reflexionar sobre tus experiencias de crecimiento, encontrando fuerza e inspiración incluso en los momentos más difíciles. La filosofía de Peale sobre el optimismo y la positividad, que he adoptado en la edad adulta, ha fortalecido mi creencia de que nuestra actitud ante la vida puede influir significativamente en nuestra realidad. En mi trayectoria personal y profesional, he visto esta verdad manifestarse repetidamente. El optimismo no es sólo una filosofía; es una poderosa herramienta que puede transformar nuestros pensamientos, nuestras acciones y, en consecuencia, nuestra vida.

---

[2]Referencia en el capítulo "Referencias bibliográficas"

El optimismo iba acompañado de otro lema que mi padre utilizaba para motivarse, pero que a menudo se refería a mí: "Quería, quería y quería con mucha fuerza". Esta frase, obra célebre de Vittorio Alfieri[3], poeta y escritor del siglo XVIII, mi padre lo repetía a menudo para darme fuerza ante situaciones complejas, subrayando que cuando una persona realmente quiere algo -y hoy añadiría: ¡y lo cree! - Puede obtenerlo solo con fuerza de voluntad. Como durante mi adolescencia no tenía una comprensión clara de la fuerza de voluntad, me dediqué a autoaprender sobre cómo funciona el cerebro humano.

En mi camino de crecimiento personal y profesional, siempre he valorado la importancia de la neuroplasticidad, la capacidad del cerebro para reorganizarse y adaptarse en respuesta a nuevas experiencias. Este concepto, que destaco en mi curso "Tu futuro es ahora", encontró una vívida demostración durante uno de mis retiros chamánicos, particularmente en la experiencia con una participante llamada Marion.

Marion, la reina del silencio en nuestro retiro de cuatro días, era tan reservada que podría haber ganado al escondite sin siquiera esconderse. Cada vez que intentaba hablar con ella, era como intentar tener una conversación con un mimo. Todos vislumbramos las batallas internas que ella estaba librando, un poco como lo hice yo cuando intenté evitar comer verduras escondiéndolas en el plato de mi hermana (¡sin que ella lo supiera!).

Cuando llegamos a la última sesión de nuestro retiro, la Práctica de Trascendencia del Ego, una práctica que desarrollé, inspirada en la

---

3Referencia en el capítulo "Referencias bibliográficas"

neuroplasticidad (sí, eso que te permite aprender a usar un teléfono inteligente incluso si tienes más de 30 años), decidí seguir adelante. Marion supera sus límites pidiéndole que toque la guitarra. Ella, con una resistencia digna de un héroe de película de acción, finalmente accedió, como cuando te rindes y te comes el último trozo de pizza aunque ya estés lleno. Y vaya, cuando empezó a jugar fue como presenciar un milagro neuronal: un despertar de viejas pasiones que dormían como un oso en hibernación. ¿Y quién lo hubiera pensado? Marion no sólo sabía tocar, ¡sino que era una auténtica estrella de rock! Quizás la próxima vez le pida que interprete un solo de guitarra, tal vez vestida como Elvis.

Descubrimos que Marion había estudiado música cuando era niña, pero luego colgó la guitarra, probablemente junto con su sueño de convertirse en una estrella de rock. Después de retirarse, su nuevo amor por la música fue como una fuente de inspiración.

Y así, Marion nos muestra que gracias a la neuroplasticidad podemos redescubrir partes de nosotros mismos que creíamos perdidas, como recordar dónde estacionamos el auto en un centro comercial lleno de gente. La resiliencia y la fuerza interior, cultivadas a través de la neuroplasticidad, no son sólo cualidades personales, sino dones que podemos compartir y enseñar. A través del curso, talleres y sesiones chamánicas, mi objetivo es inspirar a otros a explorar y valorar sus experiencias pasadas, usándolas como herramientas de transformación para un futuro más pleno. Al igual que las notas de una guitarra que resuenan en una habitación silenciosa, nuestras experiencias pasadas, moldeadas por la neuroplasticidad, pueden crear armonías en nuestras vidas, transformando los recuerdos en una sinfonía de crecimiento y resiliencia.

Para consolidar los conceptos explorados en estas primeras páginas y darles vida a través de tus experiencias personales, sumérgete en un ejercicio que te hará retroceder en el tiempo. Y ahora, sin más preámbulos, les presento 'El código del tiempo: De vuelta a los niños': su billete para un viaje emocional al pasado.

El Código del Tiempo: volver a ser niños.

Este código mágico te llevará en un viaje en el tiempo, llevándote a la época en la que eras un niño curioso y asombrado. A través de esta extraordinaria práctica, tendrás la oportunidad de restablecer una conexión especial con tu yo más joven, redescubriendo las preciosas cualidades y maravillosas experiencias que ayudaron a formar la persona extraordinaria en la que te has convertido hoy.

Paso 1: preparación

Encuentra un Lugar Cómodo: Elige tu rincón favorito de la casa, donde nadie pueda molestarte. Una almohada suave, una silla cómoda o incluso un trozo de suelo funcionan muy bien. Para agregar un nivel adicional de relajación, considere poner música tranquila y tranquila de fondo. Algo ligero y no invasivo, como sonidos de la naturaleza o melodías suaves, puede ayudar a crear el ambiente adecuado para su viaje mental. Si te sientes particularmente aventurero, ¿por qué no construyes una cabaña con almohadas, como lo hacías cuando eras niño? ¡Revive esa sensación de magia y curiosidad!

Relajación: Cierra los ojos y respira profundamente cinco veces. Inhala lentamente por la nariz y luego exhala por la boca, como si estuvieras inflando y desinflando un globo gigante. Imagina que cada respiración te quita un poco del estrés del día.

Paso 2: La máquina del tiempo

Imagina una pantalla grande: con los ojos aún cerrados, visualiza en tu mente una pantalla de cine grande. Es tu cine privado, así que siéntete libre de añadir detalles personales: ¿palomitas mágicas, alguien sentado a tu lado?

Toma tu control remoto imaginario: siente cómo se materializa en tu mano, completo con botones brillantes para viajar a través del tiempo y la memoria.

Paso 3: viaje al pasado

Presione Atrás: presione el botón de rebobinado en su control remoto. Observe cómo las escenas de su vida se desplazan hacia atrás en la pantalla. Regrese a un momento de su infancia en el que superó alguna dificultad importante. Quizás ese día aprendiste a andar en bicicleta sin ruedas de apoyo, o esa vez construiste la torre más alta con ladrillos.

Sumérgete en el recuerdo: ahora centra tu atención en ese momento. ¿Puedes ver colores más vivos? ¿Para escuchar los sonidos a tu alrededor? ¿Quizás el olor a hierba cortada o el sabor de un refrigerio post-aventura?

Paso 4: Explora y conéctate

Quién está contigo: Mira quién está contigo en ese momento. Tal vez tus padres, hermanos o un amigo imaginario que tenga un gran sentido del humor. Observa cómo interactúan contigo y cómo te apoyan.

Siente las emociones: Ahora, deja que las emociones de ese momento te envuelvan. Siente esa sensación de triunfo, la alegría de la inocencia y ese poquito de orgullo por haber superado un desafío.

Paso 5: Regreso al presente

Regresa al Aquí y Ahora: Cuando estés listo, presiona el botón de reproducción para regresar al presente. No dudes en detenerte en el camino para disfrutar de más recuerdos fantásticos.

Reingreso gradual: comience a mover lentamente los dedos de las manos y los pies. Cuando te sientas listo, abre los ojos. Tómate un momento para expresar gratitud, una de las vibraciones más poderosas, por los recuerdos revividos y por quién eres hoy, gracias también a tu pasado. Finalmente, escribe tus experiencias.

Recuerde, este viaje en el tiempo no es sólo un viaje al pasado: es una oportunidad de abrazar al niño que era y reconocer las extraordinarias cualidades que ha llevado consigo hasta el día de hoy. Es como encontrar a un viejo amigo (tu yo de la infancia) y recordar todas las aventuras y lecciones aprendidas juntos.

Armonías ocultas

'El estudio es como la luz que ilumina las tinieblas de la ignorancia, y el conocimiento que resulta de él es la posesión suprema, porque no nos lo puede arrebatar ni siquiera el más hábil de los ladrones. El estudio es el arma que elimina al enemigo que es la ignorancia. También es el mejor amigo que nos guía en todos nuestros momentos difíciles.'

~ Dalái Lama

Entre la música y la informática

La adolescencia es muchas veces un período en el que se definen pasiones y talentos. Para mí, fue el período en el que la música y las tecnologías de la información se convirtieron no sólo en intereses, sino en verdaderos puntos de referencia. Fue una época de preguntas sin respuesta y sueños audaces. En ese mar de incertidumbres, la música y la informática se convirtieron en mis brújulas, guiándome a través de las tormentas de la juventud. En este escenario, donde las restricciones financieras imponían sus límites, la determinación de explorar y desarrollar mis habilidades de forma independiente surgió como un desafío bienvenido.

"¿Qué quieres para tu cumpleaños número dieciocho?", me preguntaron mis padres "¿un auto usado o un teclado?". Bueno, el coche habría sido muy útil donde vivía pero no tenía dudas: "¡El teclado!". Era la encarnación de un sueño ambicioso que latía en mi corazón. Cada vez que tocaba las teclas, sentía una sensación de libertad y posibilidades infinitas.

Me doy cuenta de que esa elección marcó un punto de inflexión en mi viaje hacia la independencia y la autoexpresión. Desarrollé mi propio método autodidacta de tocar el piano y lo convertí en un negocio, tocando en eventos. Un primer paso en el mundo del emprendimiento, pero también una metáfora de mi viaje de autodesarrollo. Con cada nota me acerqué a mi potencial, algo que cada uno de nosotros tenemos y podemos descubrir a través de la pasión y la perseverancia.

En los piano bares, especialmente durante las celebraciones de bodas, encontré un espacio para mi música y también un escenario para observar y aprender de las historias de amor y de vida de los demás.

En el sur de Italia existe una antigua tradición en la que el día de la boda se celebra una bonita fiesta que puede durar todo el día, con abundante comida, música y lamentablemente mucho alcohol. Tocar en bodas fue sin duda una actividad comercial, pero también una experiencia que me sumergió en la alegría y celebración del amor. Cada boda fue una historia diferente, un nuevo conjunto de emociones para capturar y expresar a través de la música. Además de esto, aprendí lo que significa estar al "servicio" de los demás.

En una de estas bodas, que tuvo lugar en una sala suntuosamente decorada, con guirnaldas de flores colgando del techo y luces parpadeantes que creaban una atmósfera casi de hadas, un niño curioso con una mejilla que habría avergonzado a un político en campaña electoral , decidió que era hora de hacer su gran debut en el mundo de la música.

Con la confianza de un general que va a la batalla, su carita iluminada por una sonrisa pícara, se acercó al piano y, sin dudarlo -y sin pedir permiso- empezó a tocar una tecla. Sí, sólo un botón. El resultado fue una "melodía" que era una mezcla entre una señal Morse y una pieza de vanguardia. No era exactamente Mozart, ¡pero ciertamente tenía el coraje de un león!

Quería improvisar un dúo con este joven prodigio, pero él había convertido esa única tonalidad en una declaración de guerra musical. A cada intento que hacía de involucrarlo en una pieza más compleja, él respondía con una mirada orgullosa, sus mejillas enrojecidas por la emoción y una adherencia fanática a su clave. Ding, ding, ding.

Finalmente, con una sonrisa que ocultaba mi desesperación interna, una mezcla de admiración por su espíritu y ansiedad ante la creciente vergüenza, le pedí educadamente que le dejara paso al pianista profesional. ¿Su reacción? Un drama de Shakespeare en miniatura:

lágrimas, miradas acusadoras e invitados que me hicieron sentir como un villano de dibujos animados.

Después de la canción, me acerqué a la mesa del pequeño rebelde, listo para una tregua. Sus ojos brillaron con un desafío que apenas comenzaba. Sentado a su lado estaba su padre, cuyas cejas arqueadas delataban una mezcla de irritación y orgullo.

Lo que siguió fue una escena digna de una comedia. "¡Mi hijo tiene que jugar!" ordenó el padre, pronunciando esas palabras con tono amenazador. Lo único que tuve que hacer fue invitar nuevamente al "prodigio" al piano. "Está bien, pon tus dedos aquí y juega conmigo" respondí, tratando de explicarle al niño que tocar esa sola nota no constituía realmente una melodía, pero mis intentos resultaron en vano. Después de un cuarto de hora de explicaciones, la respuesta fue una mirada desafiante y la repetición obstinada del mismo botón: un incesante ding, ding, ding.

Afortunadamente llegó la hora del brindis y llamaron al niño a su mesa. Mientras levantaba mi copa, reflexionaba sobre lo extraño de la situación, su humor involuntario y las lecciones de vida escondidas en estos pequeños momentos de caos. Después del primer vaso, el padre me ofreció un segundo que parecía inevitable, pero yo, fiel a mi mantra de moderación, lo rechacé cortésmente. ¿La reacción del padre? "¡Beber!" Me ordenó, irritado por mi negativa.

Agarré el vaso y simulé un sorbo; Justo en ese momento se distrajo. Aprovechando el momento, con un sprint felino, vacié el contenido en la maceta de una planta cercana. El padre, satisfecho, me dedicó una sonrisa de satisfacción. Como he aprendido con el tiempo, una risa sincera y una cálida sonrisa tienen el poder de transformar momentos tensos en recuerdos que quedarán grabados para siempre. Y así continuó la fiesta, con risas, música y un pequeño virtuoso que, con su sonrisa, probablemente ya estaba planeando su próxima "actuación" - ¡o víctima! Un recordatorio de que, en la vida, las situaciones más extrañas pueden ser las más memorables y que reírse es verdaderamente la mejor medicina.

Esta fuerte determinación, arraigada en las enseñanzas de mis padres, siempre me ha mantenido alejado de los excesos, un faro que me guió incluso en los momentos más oscuros. Y así, no había lugar para las sustancias ilícitas, ni tampoco para el alcohol. O tal vez sería más exacto decir que podía permitirme tomar unas cuantas copas, pero sólo hasta cierto punto, más allá del cual mi estómago se rebelaba. En particular, la perspectiva de perder el control sobre mi cuerpo me causó una fuerte impresión.

Al recordar esos años, ahora entiendo cómo cada nota que toqué fue parte de mi crecimiento como músico y una pieza esencial en la construcción de lo que soy ahora, un mosaico de experiencias que dan forma a mi ser. A veces ese ding, ding, ding todavía resuena en mi mente generando una risa agradable.

En el seno de mi familia, una serie de acontecimientos significativos marcaron el curso de mi adolescencia, fortaleciendo mis pasiones y arraigándolas más profundamente en mí. La música y la informática, todavía en su infancia en ese momento, eran más que meros intereses; eran ventanas a mundos nuevos y apasionantes.

Pero había algo más, una experiencia que iba más allá de lo tangible. Durante las noches silenciosas, una sensibilidad innata me permitió "ver" más allá de las apariencias. Estas percepciones fueron una fuente de miedo, pero también de asombro, empujándome a una profunda búsqueda interior. Mantuve este secreto, una carga que llevaba sola, hasta que me crucé con la abuela de mi amiga, una médium reconocida por sus extraordinarias habilidades. Entonces llegó el día en que la conocí.

La habitación de la médium era un santuario de misterio. Las paredes estaban adornadas con antiguas fotografías en blanco y negro y símbolos enigmáticos. En el centro, una vela parpadeante bailaba, proyectando sombras que parecían cobrar vida propia. El aire se llenó de un aroma dulce y especiado, que evocaba imágenes de lugares lejanos y tiempos antiguos.

"¡Vaya, parece que has visto un fantasma!" Exclamó la abuela con una sonrisa afable y sus ojos brillando con una sabiduría insondable. Respondí con una risa nerviosa. "Tal vez lo hice", dije en voz baja.

"Ven, siéntate", dijo, señalando una silla al lado de la mesa. Mientras me sentaba, la abuela continuó: "Las almas, ya sabes, tienen una manera de hacerse oír. Son como el viento que susurra entre las hojas o una sombra que pasa en el crepúsculo. Sólo se manifiestan cuando piensas en ellas".

Con los ojos muy abiertos por la curiosidad y una pizca de miedo, escuché con atención. "¿Pero cómo puedo saber si realmente es un alma la que me habla y no sólo mi imaginación?" Pregunté con una mezcla de escepticismo y esperanza.

Mi abuela, con una de esas sonrisas que parecen contener siglos de conocimiento, me dijo: "Ah, joven amigo, las almas hablan el lenguaje del corazón. No se esconden detrás de las palabras, sino que se revelan en los sentimientos, en las intuiciones". , en sueños. Sentirás la diferencia."

Ese día salí de la sala de la médium con más preguntas que respuestas. Pero en el fondo sentí que algo en mí había cambiado. No entendí de inmediato sus palabras, pero a medida que pasaron los años, comencé a comprender su verdadero significado.

Con el tiempo aprendí a escuchar el silencio e interpretar los susurros del viento. Entendí que cada pensamiento, cada recuerdo evocado, era un puente hacia aquellas almas que creía perdidas. Y en ese puente, entre lo visible y lo invisible, entre el pasado y el presente, comencé a encontrar una sensación de paz y conexión con el universo que me rodeaba.

Estas experiencias, inicialmente confusas y aterradoras, con el tiempo se convirtieron en una fuente de inspiración y conocimiento. Cada encuentro con lo inexplicable me enseñó a mirar más allá de lo visible, a explorar los límites entre lo real y lo imaginario. De hecho, estas lecciones han influido en mi enfoque creativo en la música, la informática y los negocios, enseñándome que siempre hay más de lo que parece.

Este capítulo de mi vida, lleno de desarrollo y desafíos, fue crucial para formar el hombre en el que me he convertido. Me enseñó a no temer a lo desconocido, sino a aceptarlo como una puerta de entrada a nuevos entendimientos y posibilidades.

Trabajo y resiliencia

Cada verano, durante las vacaciones escolares, como una especie de ritual, me sumergía en distintos tipos de trabajo para acumular un pequeño tesoro. Entre ellos, ser socorrista en un establecimiento balneario dejó una huella imborrable. Además de enseñarme a ser responsable y cuidar de los demás, esa experiencia me introdujo a muchos aspectos de la interacción humana. Recuerdo cómo cada día presentaba sus desafíos: desde niños que jugaban demasiado lejos de la orilla hasta adultos que a menudo subestimaban los peligros del mar. En estos momentos no sólo se puso a prueba mi estado de alerta, sino también mi capacidad para comunicarme de manera efectiva y con empatía.

En este contexto, aprendí a reconocer y valorar las pequeñas alegrías de la vida cotidiana y el "momento presente". La sonrisa agradecida de un padre después de una intervención oportuna o el entusiasmo de los niños al aprender a nadar fueron recompensas invaluables. Estos momentos me enseñaron que, a pesar de las dificultades, siempre hay lugar para la positividad y la gratitud.

Recuerdo vívidamente un día en el que las olas se agitaban con una ferocidad inusual y un joven nadador parecía estar luchando contra su furia. Para afrontar esa aterradora situación, invoqué al espíritu de Mitch de "Baywatch" que se apoderó de mí. Ya podía imaginarme la épica banda sonora de fondo mientras, emulando su icónico sprint a cámara lenta, me dirigía hacia el agua, chaleco salvavidas en mano. Pero lo que recuperé fue desproporcionadamente grande, tan engorroso que casi me hizo tropezar. Cuando me acerqué al niño, descubrí que todo lo que necesitaba para salvarse era simplemente ponerse de pie. Sin embargo, con un impulso digno del más melodramático de los rescates, lo arrastré hasta la orilla, respirando con el aliento entrecortado del héroe que nunca pierde la compostura. Sin inmutarme, procedí a la reanimación escénica, que era claramente superflua. Otra lección aprendida: ahora supe cómo transformar un momento de gran miedo, mantener la claridad en situaciones estresantes y estar al servicio de los demás - y la importancia de saber reírse de uno mismo, ante el teatro absurdo de la vida.

Estas ganancias fueron divertidas pero también quería aligerar la carga de mis padres. Al mismo tiempo, adquirir una mayor comprensión del valor del dinero y del trabajo. Con el paso de los años, esta experiencia me hizo apreciar aún más el sacrificio y compromiso de mis padres.

Sin embargo, el mayor desafío surgió de la tentación del dinero fácil. Fue una prueba no sólo de integridad, sino también de autorreflexión. Una noche, mientras hablaba con amigos sobre cómo complementar mis ingresos, uno de ellos propuso un "acuerdo" que garantizaba ingresos inmediatos. Me encontré reflexionando no sólo sobre las posibles consecuencias, sino también sobre los valores que mis padres me habían transmitido. Me pregunté: '¿Este es el tipo de persona en la que quiero convertirme?' La decisión de alejarme de esa oferta no fue sólo un rechazo a un atajo, sino un paso importante para definir quién era yo y quién quería ser.

Ver a mis amigos tomar caminos peligrosos me afectó profundamente y me llevó a cuestionar las motivaciones de tales decisiones y mi papel en la sociedad. Esta conciencia ha fortalecido la determinación de seguir un camino guiado por los principios de integridad y responsabilidad. Estas experiencias moldearon no sólo mis decisiones inmediatas, sino también mi visión general de la vida, enseñándome que la resiliencia a veces requiere el coraje de decir no para salvaguardar los valores propios y los de la comunidad.

Decisiones y adaptaciones

Inicialmente, estudié ingeniería informática en la universidad, pero no pude completarla debido a las crecientes necesidades financieras y mi deseo de independencia. Con los bolsillos vacíos, pero la mente llena de ideas, me dediqué a crear nuevas iniciativas, siempre respetando la ley. Esta experiencia me enseñó el valor de la autosuficiencia y la importancia de pensar creativamente ante las dificultades.

Mis padres nunca descuidaron las necesidades básicas, como comida, matrícula escolar y ropa. Lamentablemente, entre estas necesidades ha surgido el hábito del cigarrillo, iniciado durante un acto de rebelión adolescente a los dieciséis años. Ese primer cigarrillo se convirtió entonces en un compañero constante, una sombra silenciosa que seguía cada uno de mis pasos. Fumar es una verdadera adicción, que requiere una gran conciencia y esfuerzo para superarla. La lucha por liberarme de esta adicción, que se produjo apenas veinte años después, fue una batalla de voluntades, una danza entre el deseo y la determinación.

Mis desafíos juveniles, incluidas las experiencias paranormales y la sombra del crimen organizado, me exigieron desarrollar una resiliencia y una capacidad de adaptación que han demostrado ser esenciales en mi vida, tanto personal como profesional. Estos episodios me enseñaron a permanecer abierta a posibilidades poco ortodoxas y a explorar más allá de los límites de lo normal, pero lo más importante es escuchar mi voz interior y confiar en mis percepciones.

Aunque no completé mi educación en ingeniería informática, la base que obtuve allí sentó las bases para mi desarrollo autodirigido. Fue un capítulo inacabado, pero lleno de lecciones, que me prepararon para los desafíos empresariales que enfrentaría.

Tengo un mensaje especial para quienes buscan sabiduría e inspiración: mientras persiguen sus sueños, no pasen por alto la importancia de la educación formal. La educación académica sienta las bases de la metodología sin la cual siempre será difícil asimilar nuevos conceptos, como cuando yo no podía expresarme cuando era niño. Es la base del éxito, un trampolín para la autoeducación y el desarrollo personal. Aunque no completé mi educación universitaria, la base que obtuve durante ese tiempo fue esencial para mi viaje de autoaprendizaje. Por ejemplo, los conceptos básicos de lógica y matemáticas aprendidos en la universidad me ayudaron a desarrollar un enfoque metodológico en mis proyectos empresariales.

Muchos empresarios y líderes exitosos dedican una parte importante de sus ganancias y tiempo a enriquecer continuamente sus conocimientos. Esto sucede a través de cursos, tutorías, retiros chamánicos, seminarios web y diversas formas de autoaprendizaje.

Al compartir mis experiencias, espero inspirar no sólo a los lectores jóvenes, sino también a todos aquellos que persiguen con valentía sus pasiones. Les insto a que confíen en sus habilidades únicas y vean cada obstáculo como una valiosa oportunidad para aprender y crecer.

En el deslumbrante mundo de las redes sociales, las historias de éxito a menudo se presentan con un aura de facilidad e inmediatez. Los contornos brillantes pintan una imagen de triunfos sin esfuerzo, donde cada éxito parece lograrse con un simple clic. Sin embargo, esta narrativa deja en la sombra la verdad más profunda: el camino hacia el éxito está marcado por la dedicación, la perseverancia, el compromiso continuo pero, sobre todo, por creer en los sueños y tener el coraje de seguirlos.

Gran parte de lo que se percibe como "éxito instantáneo" en realidad esconde innumerables horas de trabajo invisible: noches de insomnio, estudio autodidacta, derrotas, momentos de duda e incertidumbre. Estos aspectos fundamentales del camino hacia la consecución de objetivos rara vez se destacan en las historias que se cuentan en las redes sociales.

En esta era digital, donde la apariencia puede abrumar a la sustancia, es crucial reconocer que el éxito no es un logro repentino, sino más bien un proceso gradual. Esta perspectiva nos empuja a mirar más allá de las fachadas brillantes de las redes sociales, valorando el viaje y el compromiso auténtico detrás de cada historia de éxito, independientemente de su reconocimiento público.

Esta conciencia de que el conocimiento universal está al alcance de todos pero que saber acceder a él es un privilegio reservado a unos pocos, representa un principio que ha iluminado constantemente mi camino. Como dijo una vez Benjamín Franklin: "Una inversión en conocimiento siempre genera el mayor interés". Estas palabras resonaron dentro de mí, impulsándome a invertir en cultivar mi jardín de conocimiento, no sólo para mí, sino para compartir sus frutos con los demás.

Lecciones de vida

Entonces todavía estás aquí conmigo, ¿eh? ¡Buen chico! Ahora, ¿adivinen qué? Después de la niñez y la adolescencia, ¿qué viene después? Así es, ¡la edad adulta! Pero no huyas todavía, no te cuento la película de mi vida porque sí. ¡Hay un método para mi locura, lo prometo! Quizás te preguntes: '¿Realmente tengo que escuchar toda esta historia? ¿No he tenido ya suficientes problemas? Y yo respondo: '¡Absolutamente sí, porque a veces en historias ajenas descubrimos ideas para resolver nuestras propias intrigas!'"

Veamos juntos cómo se preparan los pensamientos en la cocina de la mente. ¿Por qué piensas como piensas? ¿De dónde vienen esas ideas brillantes o menos brillantes que flotan en tu cabeza? ¡Aquí estamos a punto de destapar la olla y descubrir la receta secreta!

El Código de Reconexión: Tus Pasiones.

Oye, ¿recuerdas a Marion? ¿El que volvió a coger la guitarra y se sintió una estrella de rock al jubilarse? Así es, estamos a punto de hacer algo similar. Pero esta vez, volvamos a nuestra adolescencia. Sí, esos días de exploración, de primeros enamoramientos, de música a todo volumen. Antes de sumergirnos en nuestro regreso adolescente, reflexionemos un momento. La neurociencia nos dice que revivir emociones y experiencias pasadas puede activar partes de nuestro cerebro relacionadas con la creatividad y la alegría. Esto se debe a que, durante la adolescencia, nuestras experiencias emocionales y sensoriales son particularmente intensas y formativas, creando conexiones neuronales fuertes y duraderas.[4]. Revivir esas emociones de la adolescencia es divertido y, de hecho, también puede revitalizar el pensamiento creativo al devolverte a aquellas partes de ti mismo que quizás hayas olvidado. Así que, aunque parezca un poco loco, sumérgete en este ejercicio con la confianza de que estás haciendo algo bueno para tu cerebro y tu espíritu. ¿Listo para revivir la adolescencia y despertar el adolescente que llevas dentro?

Paso 1: Configuración para adolescentes

- Encuentra tu rincón secreto, ese lugar donde te escondiste para escuchar música o soñar despierto.

- Coge tu diario: sí, el diario antiguo, ¡no la aplicación de tu teléfono inteligente!

Paso 2: Flashback adolescente

- Cierra los ojos, ponte los auriculares (si quieres) y deja que la música de tu adolescencia te transporte al pasado.

- Piensa en las cosas que amabas cuando eras adolescente. Esos cómics, ese videojuego, esa banda, ese hobby raro que sólo tú entendías.

Paso 3: descubre lo 'retro'

- Ahora abre tu diario y anota todo lo que te vino a la mente cuando eras adolescente. Vamos, como en esas noches de insomnio que pasamos anotando pensamientos y sueños.

---

[4]Referencia en el capítulo "Referencias"

Paso 4: redescubre lo 'épico'

- Elige una de estas pasiones. Algo que te hiciera sentir único, rebelde o simplemente feliz.

- Planifica una actividad 'épica' para revivir esa pasión. Como tocar esa vieja guitarra, dibujar como un artista de manga o hacer ese truco con la patineta.

Paso 5: Acción de 'estilo adolescente'

- Comprométete a hacer esto del "estilo adolescente". Deja tu lado adulto a un lado por un momento y deja espacio a la pura diversión.

- Cada vez que realices esta actividad, anota en tu diario cómo te sientes. Sí, tal como lo hacías cuando eras adolescente.

Paso 6: Informe 'Genial'

- Después de unas semanas, lee tu diario y reflexiona: ¿cómo te ha cambiado este regreso a tus orígenes?

- Piensa en cómo podrías integrar esta pasión "adolescente" en tu vida adulta. Tal vez haya algo que ese adolescente que hay en ti pueda enseñarle al adulto de hoy.

Este ejercicio es a la vez una forma de redescubrir viejas pasiones y una invitación a dejar de lado las responsabilidades por un momento y reconectar con la alegría y la curiosidad propias de la adolescencia. Como demostró Marion, redescubrir una pasión puede abrir nuevas puertas y energizar nuestra vida diaria.

El arte de hacer negocios

"Fracasar no es caer; fracasar es quedarse donde caíste."

~ Sócrates

Éxito y fracaso

En el camino del emprendimiento, he descubierto que cada paso, ya sea un triunfo o un obstáculo, es una nota crucial en la sinfonía de la carrera. Como en una composición musical, donde las armonías se entrelazan con las disonancias para crear una melodía fascinante, mi viaje empresarial ha demostrado ser un tejido de éxitos y fracasos. Las experiencias, llenas de lecciones aprendidas, han moldeado la comprensión de la importancia de ser flexible, evaluar los riesgos sabiamente y mostrar resiliencia en el dinámico mundo de los negocios. Este capítulo no es sólo una crónica de acontecimientos, sino un diario íntimo de preciosas lecciones, un testimonio de cómo cada fracaso, como una nota falsa, puede remontarse a una armoniosa sinfonía de crecimiento y éxito.

La aventura empresarial comenzó a los veintidós años, cuando, impulsado por la pasión por la música y el arte del entretenimiento, fundé mi primer negocio: una agencia de intermediación en el mundo del entretenimiento. La inspiración provino de mis actuaciones musicales, que me permitieron vislumbrar las muchas caras del universo del entretenimiento. Como un juego de Tetris, la empresa se expandió rápidamente, añadiendo nuevas piezas al rompecabezas: desde entretenimiento infantil hasta espectáculos de magos y payasos, pasando por el suministro de modelos masculinos y femeninos para eventos de discotecas.

Mi pareja y yo éramos como dos músicos tocando en perfecta armonía; cada movimiento que hicimos nos pareció el correcto y la empresa floreció gracias a esta sinergia. Sin embargo, como en toda historia interesante, hubo un giro inesperado. Surgieron una serie de desafíos inesperados que nos obligaron a cerrar las puertas de este prometedor emprendimiento. Fue un momento de reflexión, similar a una pausa en una composición musical, que marca el final de un capítulo pero el comienzo de un nuevo movimiento.

En este capítulo, comparto con ustedes no sólo la crónica de estos eventos, sino también las valiosas lecciones que aprendí de ellos. Aprendí que el espíritu empresarial requiere la capacidad de adaptarse y convertir los obstáculos en oportunidades, como un artista que encuentra nuevas vías de expresión frente a limitaciones inesperadas. Este enfoque empresarial, que combina creatividad, estrategia y una pizca de audacia, se ha convertido en la pieza central de cada nueva iniciativa que emprendo.

Por eso, los invito a seguirme en esta historia de experiencias, para descubrir juntos cómo las dificultades pueden transformarse en valiosas lecciones, así como las notas disonantes de una sinfonía pueden enriquecer su belleza general.

Cambios radicales

Decidí hacer un cambio drástico y me mudé a Milán, en el norte de Italia, en busca de nuevos desafíos y oportunidades en el mundo de las industrias emergentes. Hasta entonces no había viajado mucho. Entonces, hacer un viaje de unos 800 km fue como ir a otro mundo.

Al principio me sentí como los emigrantes del sur de Italia de principios del siglo XX hacia América, pero en realidad estaba a sólo unas horas de distancia. Todo me parecía tan diferente y nuevo. Nuevas formas de hablar, nuevas formas de disfrutar el café, diferentes comidas (antes la brecha entre regiones era mucho más notoria). Sin embargo, todo esto me fascinó, no me asusté en absoluto porque seguía pensando "¡si sobreviví a mi ciudad, causaré sensación aquí!".

En ese período, Lucio, mi segundo hermano mayor, me ofreció un refugio temporal en su casa no lejos de Milán, donde vivía con su familia. Esos seis meses representaron un momento importante no sólo por la consolidación y en definitiva el mejor conocimiento de mi hermano, sino también porque se creó un vínculo imborrable entre nosotros y mis queridos sobrinos, relación que sigue brillando con intensidad a través de los años.

Abrir tu corazón al cambio puede llevarte a encuentros inesperados, transformando la vida cotidiana en algo mágicamente extraordinario. En ese período de transición, donde cada día era un paso hacia lo desconocido, encontré, casi por casualidad, un compañero de viaje que ya había conocido en los días despreocupados de mi juventud. Era una niña que vivía en un pueblo a dos horas de distancia, un rostro familiar en un mar de nuevos comienzos.

Como guiada por las estrellas, esta chica encontró trabajo en una conocida empresa y se mudó a Milán. El destino, parecía, trazaba sus caminos para que nuestros caminos volvieran a cruzarse. Aún hoy, sonrío al recordar aquellos primeros días junto a Rossella, la chica que, de invitada en mi vida, se transformó en mi compañera de toda la vida. A menudo bromeo con ella, diciéndole que desde ese día que entró en mi casa, capturó mi corazón y nunca se fue.

A partir de ese día, Rossella se convirtió no sólo en mi amada esposa, sino también en el alma gemela con quien compartí cada aventura, cada desafío y cada alegría. Juntos, hemos tejido una red de recuerdos preciosos, viviendo una vida llena de momentos inolvidables. Nuestro vínculo ha crecido y florecido a lo largo de los años, demostrando que, a veces, el amor más verdadero y profundo nace inesperadamente y está arraigado en el tejido mismo de nuestra existencia.

En el camino hacia el éxito, mi carrera despegó en un área que era revolucionaria en ese momento: el mundo de las fotocopiadoras digitales. Este rol como representante de ventas en un concesionario no fue solo un trabajo, sino una plataforma de lanzamiento para mi aspiración de sobresalir. Con un hambre de éxito ardiendo dentro de mí, me sumergí en un estudio incesante, decidido a convertirme en un comunicador y comercializador incomparable. ¿La clave? Conozca mi producto en cada detalle. Esto no era sólo una estrategia, sino una filosofía: el conocimiento es poder, y este poder convierte los desafíos en oportunidades.

Pero no me detuve ahí. Audazmente, comencé a grabar mi voz durante las ventas, analizando cada palabra, cada pausa, cada respuesta. Este autoexamen no fue un ejercicio de vanidad, sino un viaje de autodescubrimiento: aprender de mis errores, capitalizar mis fortalezas. ¿Es el resultado? Premios, reconocimientos y contrato indefinido con la empresa matriz. Este fue fruto no sólo del compromiso, sino del deseo de crecer y mejorar continuamente.

Convertirme en gerente de agentes concesionarios de franquicia fue el siguiente capítulo de mi historia. En este puesto, tuve la oportunidad de moldear el futuro de otros, de inculcar el arte de vender, de encender la chispa de la pasión y la aspiración en aquellos que estaban dispuestos a escuchar. Y luego, como un paso aún mayor, me convertí en formador de ventas en la prestigiosa academia interna de la multinacional. Utilizando las técnicas que yo mismo había perfeccionado, comencé a moldear nuevos talentos, desarrollando sus habilidades de comunicación, interés y gestión de equipos.

La historia de cada uno no es sólo un viaje personal, sino un faro de inspiración, un poderoso recordatorio de que el coraje de aceptar el cambio puede transformar nuestra realidad. Mi carrera en constante evolución me ha llevado a asumir roles cada vez más importantes, desafiándome a ampliar mis horizontes y superar mis límites. En este viaje, un día, llamó a mi puerta una oportunidad inesperada: la propuesta de un dueño de los concesionarios con los que trabajaba, fascinado por mi visión innovadora, de crear un portal online para la venta de productos de papelería corporativa.

Fue solo el comienzo de un nuevo capítulo, un punto de inflexión que me llevó a reconocer la necesidad de adquirir habilidades gerenciales más avanzadas, que encontré en el contexto de empresas bien estructuradas. Volver al rol de empleado en una empresa de servicios TI no fue un paso atrás, sino un salto adelante en mi camino de crecimiento. La transición de vender productos a vender servicios no fue fácil; fue una revelación. Vender un producto es tangible, inmediato, pero ¿vender un servicio? Se trata de vender una visión, un sueño, que el cliente verá hecho realidad con el tiempo. Y en esto aprendí el arte de generar confianza y comunicar el valor intangible de lo que ofrecimos.

Poco después tuve la oportunidad de conocer al máximo directivo de una empresa multinacional, y desde ese momento se me confió la responsabilidad de gestionar toda una unidad de negocio. Esta unidad estaba compuesta por un equipo de 300 personas que brindaban servicios de call center entrantes y salientes a empresas. Aunque solo tenía veintinueve años, esta experiencia no solo fue un desafío, sino también un importante entrenamiento de vida que me preparó para el paso más audaz hasta ese momento en mi carrera: la fundación de mi propio call center.

La audacia. Esta fue la chispa que encendió el fuego de mi negocio. Fue una decisión valiente, tomada en un momento crucial, que demostró que el miedo no es un obstáculo, sino un trampolín hacia el éxito. Cada paso de este viaje ha fortalecido mi creencia de que no importa dónde empieces, tu determinación y capacidad de adaptación son las claves para desbloquear un potencial inimaginable. Tu historia es tu poder. Utiliza cada experiencia, cada desafío superado como un paso hacia la realización de tus sueños. Eres el capitán de tu barco y el océano del éxito te espera.

Para reducir costes, decidí trasladar parte del call center a Moldavia, considerando la facilidad de comunicación debido a la proximidad lingüística. Recuerdo mi primer viaje a la capital, Chisinau, una aventura que comenzó con un vuelo en un avión bimotor que hacía funcionar más que un reloj suizo retirado. El enlace aéreo, que pasaba por Rumania, era famoso por ser menos fiable que el clima del verano en Inglaterra. Sentados en el aeropuerto de Timisoara, rodeados por un paisaje que parecía un gran pastel cubierto de nieve, esperamos seis horas hasta la salida. Y cuando digo "nieve", me refiero a nieve real, no a la que se espolvorea sobre los dulces navideños.

Finalmente, partimos en un avión bimotor que parecía tener tantas ganas de volar como yo de correr una maratón. Y para darle un toque surrealista al viaje, tuve un compañero de vuelo muy especial. No, no me refiero a una celebridad o un influencer famoso, sino a una gallina. Sí, sólo un pollo, en una pequeña jaula colocada en las piernas de mi vecino de asiento. De vez en cuando me miraba con una mirada que parecía decir: "Tú también, ¿eh? Preferirías estar en otro lugar". Debo admitir, sin embargo, que su inesperada presencia convirtió aquella huida en una comedia no planificada. Cada vez que el avión bimotor se sacudía y nuestra 'tripulación pluma' comentaba con un arrullo indignado, no podía evitar reírme.

Mirando hacia atrás, ese pollo fue quizás el mejor compañero de viaje que jamás haya tenido. Al menos no estaba ocupando el reposabrazos y charlando sin cesar sobre su último viaje al trópico. Y, lo más importante, me enseñó que a veces, incluso en las situaciones más extrañas y estresantes, una buena dosis de humor puede convertir una experiencia potencialmente aterradora en una anécdota que vale la pena contar durante años.

Al llegar a la capital me encontré inmerso en un mar de posibilidades e incógnitas. Mientras deambulaba por las oficinas aún vacías, mi mente trabajaba frenéticamente para darle forma al proyecto que tenía en mente. Cada entrevista de personal, cada decisión sobre el espacio de oficina, cada elección de equipo necesario parecía una pieza de un rompecabezas más grande, un rompecabezas que estaba armando meticulosamente.

Con el paso de los días, el experimento se hizo realidad. Fue sorprendente observar la rapidez con la que la gente absorbió e interpretó los guiones que habíamos preparado en un italiano impecable. Esta rápida capacidad de aprendizaje y su dedicación no sólo fueron una confirmación de mis instintos sino también del potencial sin explotar de estos individuos. La satisfacción de ver crecer el proyecto era palpable, tanto que pronto se abrieron nuevas puertas: dos oficinas, una en Milán y, curiosamente, la otra justo en mi ciudad, Nápoles.

Sin embargo, justo cuando todo parecía ir según lo planeado, el destino me tenía reservado otro giro inesperado. El éxito, que apenas había saboreado, resultó efímero. Mi socio, con quien había compartido no sólo el entusiasmo sino también los desafíos de la fundación, decidió vender una sucursal de su empresa más grande. Este movimiento inesperado puso en duda el futuro de todo lo que habíamos construido juntos.

En este torbellino de acontecimientos, sin embargo, hubo un punto de inflexión decisivo. Fue en ese período de incertidumbres y reflexiones que me encontré con personas fundamentales y decisivas para mi futuro. Un encuentro que marcó el comienzo de una nueva aventura, una aventura que resultaría ser uno de mis mayores éxitos.

Entre el lujo y el reflejo

Mientras tanto, había fundado una pequeña empresa cuyo objetivo era conectar empresas europeas con empresas chinas. Todo sucedió durante los primeros días de Alibaba, cuando aún no era muy conocida en Europa. Me dediqué a intercambiar productos específicos. Las empresas acudieron a mí con solicitudes de artículos únicos, como un tipo particular de perno que no era difícil de producir pero sí costoso en Europa. Me enviaron los detalles del proyecto y a través de una red de contactos profesionales lo envié a empresas fabricantes en China. Una vez elaborado el producto, lo importé para mi cliente. También utilicé empresas externas para monitorear el proceso de control de calidad, logística y más. Esta experiencia me enseñó mucho sobre procesos de fabricación, importación de productos de Asia y mucho más.

Un día, un amigo con el que todavía intercambiamos mensajes profundos y sinceros, me informó que uno de sus clientes, un importante actor del sector energético que vendía electricidad a empresas y particulares, quería crear una campaña para promover la eficiencia energética. . Planeaban regalar dos bombillas de bajo consumo a sus clientes, ya que la iluminación LED aún no estaba muy extendida y estas bombillas suponían una mejora significativa con respecto a las tradicionales bombillas de filamento de tungsteno. Me llevó aproximadamente un año encontrar el proveedor adecuado con los precios adecuados. Un compromiso que supuso la primera vez que alcancé el millón de euros de facturación. Durante los dos años siguientes, la facturación creció significativamente.

Sin embargo, este éxito me abrió los ojos al mundo de la electricidad, específicamente a la oportunidad de una mayor demanda de fuentes de energía renovables. Siempre me ha fascinado la idea de combinar negocios con algo realmente beneficioso para el planeta. ¡Gana dinero y al mismo tiempo contribuyes al bien común! Sí, porque estaba y estoy todavía convencido de que la transición hacia fuentes de electricidad cada vez menos contaminantes representa el verdadero camino hacia la convivencia sostenible con la Madre Tierra.

"Si quieres llegar primero, corre solo, si quieres llegar lejos, camina junto" dice un antiguo proverbio africano y encontré en Massimo el compañero ideal para llegar muy lejos. De caracteres complementarios - cuánta paciencia tuvo conmigo y yo con él- unidos por un profundo cariño fraternal, juntos fundamos una empresa que tenía como objetivo involucrar a fondos de inversión y grandes usuarios, ofreciendo servicios de diseño y gestión para el proceso de autorización de plantas de gran tamaño. fotovoltaica a escala (escala de servicios públicos). Debido a la gran demanda del momento, nos convertimos en contratistas EPC, es decir, comenzamos a construir estas instalaciones nosotros mismos. Nuestra expansión ha sido rápida y hemos abierto oficinas en varios países europeos, incursionando incluso en Estados Unidos con una oficina en Filadelfia. Alcanzamos picos de facturación de más de 50 millones de euros al año y nuestro equipo inicial de tres empleados creció hasta un máximo de 700. Fue un período intenso y, por primera vez, entré en el mundo del "lujo".

Estaba viviendo exactamente el sueño que tenía cuando era niño: una casa lujosa, coches prestigiosos (¡a veces incluso con chófer!), vacaciones en lugares de postal. Tenía menos de cuarenta años y vivía una vida de millonario, aunque no acumulaba la misma riqueza. Sentí una voz crecer dentro de mí, suave pero persistente, recordándome el costo de todo esto. Horas de trabajo interminables, una farmacia ambulante en mi maletín y la asfixiante comprensión de que me estaba perdiendo momentos preciosos con las personas que amaba. Mis hijos estaban creciendo y yo no estaba allí.

Durante ese tiempo entendí que el verdadero lujo no se encuentra en los objetos materiales, sino en los momentos compartidos, en las risas familiares, en la calidez de un hogar lleno de amor. Esta comprensión sacudió mi mundo y me llevó a una encrucijada: podía continuar por este camino dorado o encontrar un camino que me permitiera estar verdaderamente presente en las vidas de las personas que más me importaban. Esta fue mi reflexión más profunda, un pasaje que marcó tanto mi éxito profesional como mi viaje interior hacia una vida más equilibrada y auténtica.

El punto de inflexión

El punto de inflexión llegó como un rayo caído del cielo a la edad de treinta y siete años. Acababa de regresar de unas vacaciones, de un momento de aparente serenidad, cuando sufrí un microinfarto. Este suceso, si bien no dejó consecuencias físicas graves, fue un llamado de atención que resonó con fuerza en mi mente y corazón. Me enfrenté a una verdad ineludible: el camino que estaba siguiendo no era sostenible. Inspirado por el amor incondicional y la pureza de mis dos pequeños tesoros, mis hijos de uno y dos años en ese momento, encontré la fuerza y el coraje para dejar de fumar, un cambio que logré en el primer intento con una experiencia totalmente personal y tal vez única. día, tema de otra historia.

Pero el verdadero momento crucial, el que afectó profundamente mi espíritu y mi alma, llegó con la muerte de mi madre.

Mientras me despedía, junto a ella en su último aliento, escuché un sonido familiar. Fue el mismo momento en que años antes, mis hijos en 2008 y 2009, vieron la luz del mundo. Su primer aliento tuvo una melodía particular, una nota que mi oído musical nunca olvidaría. Años más tarde, al escucharlo nuevamente en el último suspiro de mi madre tuve la revelación de que la vida y la muerte son como dos notas de una misma melodía, un ciclo eterno que nos une a todos. Fue una armonía que impregnó mi ser y me impulsó a buscar un significado más profundo a la vida.

El día del funeral de mi madre, mi esposa me reveló una sorprendente coincidencia. Durante el viaje en avión para llegar hasta mí, se encontró sentada casualmente -pero el caso no existe- junto a algunos directivos de mi empresa, que también habían salido para asistir a la despedida, que discutían entre ellos posibles problemas económicos que podría tener la empresa. sentí que debería haber abordado, revelando preocupaciones importantes que no habían compartido directamente conmigo.

Este encuentro fortuito fue para mí una señal, una advertencia del universo que me hizo comprender que estábamos a punto de enfrentar una posible crisis financiera grave. Por eso decidí tomar la iniciativa, reestructurar la empresa e invertir en el sector de las grandes instalaciones fotovoltaicas. El plan resultó fructífero, pero no lo suficiente como para protegernos de uno de los acontecimientos más impredecibles en el panorama empresarial: cambios radicales y retroactivos en la legislación de un país. Las opciones de política energética provocaron un colapso del valor de las plantas. Los clientes dejaron de pagar y nuestra empresa se declaró en quiebra en 2013.

Fue una caída vertiginosa y repentina, en menos de un año todo lo que había construido se desvaneció como nieve al sol. Me encontré sin un centavo y sintiéndome perdida, asustada y llena de ira hacia el mundo entero. Durante ese tiempo, llegué al punto más bajo de mi existencia e incluso pensé seriamente en poner fin a mi vida. Sin embargo, fue en lo más profundo de esta desesperación que comprendí una verdad fundamental: no deseaba la muerte, pero anhelaba desesperadamente vivir una vida auténtica, una vida que había perdido entre las ilusiones del éxito material.

Aunque estaba devastada por la derrota, entendí que tenía que afrontar este desafío con todas mis fuerzas. Mi relación con mi esposa estaba al borde del abismo. Vivía constantemente en el nerviosismo, la incertidumbre y la incapacidad de ver las cosas con claridad.

Durante la edad de oro, estaba completamente concentrado en el dinero y el poder, convencido de que podía moldear el mundo a mi voluntad. Este egoísmo había cerrado la puerta a mis emociones y al alma que habían apoyado mis éxitos empresariales.

Entonces, ¿qué decidí hacer?

Antes de continuar, quiero compartir contigo un mensaje directo, desde el fondo de mi corazón al tuyo. Recuerde que el camino hacia el éxito está plagado de desafíos y fracasos, pero es precisamente en este terreno accidentado donde se esconden las lecciones más preciosas de la vida. Imagínese hablar con un investigador científico: él sabe que de mil experimentos, tal vez sólo uno conduzca a un descubrimiento revolucionario. Sin embargo, nunca se rinde, porque cada intento fallido es un paso más hacia el conocimiento. Con este espíritu, quiero inspirar al emprendedor que llevamos dentro a ver cada desafío como un trampolín hacia el crecimiento personal y profesional. Cada obstáculo que enfrentamos es una oportunidad única para adquirir nuevas habilidades, ampliar nuestra visión y, en última instancia, emerger más sabios, más hábiles y resilientes que antes.

Este camino, salpicado de obstáculos y triunfos, es más que un simple viaje; es una peregrinación espiritual que todos afrontamos. Es un viaje que nos llama a sintonizarnos con nuestra voz interior, esa voz que nos recuerda quiénes somos realmente más allá de las apariencias y los títulos. Se requiere coraje, determinación y una mente abierta, no sólo para aprender de las experiencias externas, sino también para escuchar las lecciones silenciosas de nuestro espíritu. Hay una frase, cuyo origen se me escapa, que siempre ha resonado en mi mente: "¡Piensa en grande y te harás grande!". y es más que un mantra; es un llamado a reconectarnos con nuestra Verdadera Esencia, esa parte de nosotros que sabe que no hay límites para lo que podemos lograr. Este camino es una invitación a no limitar la visión, a atreverte, a soñar más allá de los límites de lo posible y a trabajar duro, pero sobre todo a permanecer fiel a tu esencia más profunda, la que sabe que todo sueño que nace del corazón es ya es una realidad a la espera de manifestarse.

El código del ganador: desbloquea tu potencial infinito

Este ejercicio es un camino diseñado para ayudarle a explorar y superar desafíos convirtiéndolos en peldaños para su éxito futuro. Pretende ser un análisis retrospectivo y un viaje de descubrimiento personal que le permitirá desbloquear y aprovechar su potencial infinito.

Cada uno de nosotros, a lo largo de la vida, nos encontramos con momentos de dificultad y fracasos aparentes. Este camino no es sólo una exploración de momentos difíciles y una invitación a conectar con tu voz interior para descubrir el significado más profundo de tus experiencias. Cada obstáculo que encuentres es una oportunidad para crecer no sólo profesionalmente, sino también espiritualmente, redescubriendo los valores y creencias que guían tu esencia más auténtica.

Este ejercicio lo guiará a través de cuatro pasos clave: reflexionar sobre el fracaso, analizar las causas, extraer lecciones valiosas y crear un plan de acción.

A través de este proceso, se le pedirá que mire hacia atrás con honestidad y valentía, identifique las causas de sus desafíos y extraiga lecciones cruciales de ellos. Pero el más importante es el cuarto paso: crear un plan de acción basado en estos aprendizajes. Este paso transformará tus experiencias pasadas en una fuerza impulsora para el futuro, permitiéndote avanzar con mayor confianza, conciencia y preparación.

El objetivo de este ejercicio es ayudarte a reconocer que cada dificultad - en cualquier área de tu vida - es una oportunidad de crecimiento, que cada obstáculo es un paso que te acerca a tu meta. De hecho, también representa un concepto que exalto mucho: la capacidad de ser observador del propio Ego. Al observar tus errores sin ningún apego emocional y aprender de ellos, no sólo evitas repetirlos, sino que avanzas con mayor confianza y preparación hacia tus metas futuras.

Recuerda, el éxito no se define por la falta de desafíos, sino por tu capacidad para superarlos y aprender de ellos. "Piensa en grande y serás grande" no es sólo un lema; es una filosofía de vida que te invita a abrazar tu viaje con optimismo y determinación. ¡Ahora, sumérgete en este ejercicio y comienza a desbloquear tu potencial infinito!

Paso 1: Reflexión sobre el fracaso

Descripción: Comience tomándose un momento para reflexionar sobre un fracaso que haya experimentado. Este puede ser un momento en el que haya enfrentado un desafío importante o haya obtenido un resultado decepcionante.

Instrucciones:

Escriba una breve descripción de este fracaso, centrándose en los hechos y delineando los contornos del evento sin emocionarse demasiado. ¿Qué pasó? ¿Cuáles fueron las principales circunstancias? ¿Cuándo ocurrió?

Paso 2: Análisis de la causa

Descripción: Ahora analiza las causas detrás de este fallo. Sea honesto consigo mismo y trate de identificar los errores, las circunstancias desfavorables o las malas decisiones que llevaron a ese resultado.

Instrucciones:

Reflexiona sobre las acciones que tomaste o las decisiones que tomaste que contribuyeron a este fracaso. ¿Qué podrías haber hecho diferente? ¿Cuáles fueron las principales causas?

Paso 3: extraiga lecciones valiosas

Descripción: En esta etapa, plantéese la pregunta crucial: "¿Qué lecciones puedo aprender de esta experiencia?" Mientras reflexiona sobre estos desafíos, considere también cómo pueden enseñarle lecciones valiosas sobre sus relaciones, especialmente las de pareja. La comprensión y el crecimiento que surgen de estos momentos pueden ser herramientas poderosas para construir conexiones más profundas y significativas con sus seres queridos.

Instrucciones:

Identifique las lecciones clave que aprendió de este fracaso. ¿Qué has descubierto sobre la importancia de la planificación, la resiliencia, la comunicación eficaz o escuchar tu intuición? ¿Cómo se pueden aplicar estas lecciones en su carrera actual?

Paso 4: crear un plan de acción

Descripción: Finalmente, basándose en los conocimientos adquiridos, cree un plan de acción. Establezca objetivos claros y alcanzables, estrategias para evitar repetir los mismos errores y pasos específicos para capitalizar las lecciones aprendidas.

Instrucciones:

Establezca metas concretas basadas en las lecciones aprendidas de su fracaso. ¿Cómo puedes utilizar estas lecciones para mejorar tu viaje? ¿Cuáles son las estrategias prácticas que puedes implementar?

Asegúrate de que este plan de acción sea proactivo y te ayude a crecer de manera sostenible y a desarrollar una mayor conciencia de ti mismo.

Crisis, reflexión y renacimiento

"No podemos resolver problemas con el mismo tipo de pensamiento que usamos cuando los creamos".

~Albert Einstein

Del caos a la claridad

Entonces, ¿qué había decidido hacer?

En el caótico torbellino de mi vida, me enfrenté a una elección crucial: si realmente quería abrazar la vida en toda su plenitud, tendría que empezar completamente desde cero. En un momento de profunda introspección, me pregunté cuál era la esencia misma de la existencia humana y recordé el primer acto humano al nacer: el primer aliento, un soplo de vida que marca el comienzo de toda existencia.

Al reflexionar sobre esto, recordé una observación hecha por uno de mis asistentes algún tiempo antes. Me había señalado que a menudo me costaba respirar, incluso en momentos de aparente calma. Esta simple observación abrió mis ojos a una verdad oculta: mi respiración, tan superficial y apresurada, era el reflejo de una mente en confusión, constantemente a merced de las tormentas de la vida.

Comencé a comprender que mejorando mi respiración no sólo podía aliviar los síntomas físicos del malestar, como mi insomnio persistente y otras dolencias, sino que también podía lograr una mayor claridad mental. La respiración consciente y controlada podría convertirse en mi faro en el caos, un punto fijo desde el que navegar por las turbulentas aguas de la vida con nueva conciencia y serenidad.

El poder de la respiración

Todo empezó como una aventura en solitario, sin guías ni manuales que iluminaran el camino. Recuerdo vívidamente la primera vez que cerré los ojos y traté de escuchar mi respiración, de sentir el flujo de vida que fluía a través de mí. Durante los primeros treinta segundos parecía que todo era posible; Estaba en armonía con el universo, un raro sentimiento de paz. Pero, como un elefante en una vidriería, mis preocupaciones cotidianas irrumpieron en el silencio, enturbiando mi tranquilidad con la sutileza de un tornado en una biblioteca.

De todos los desafíos y sombras de ese período, el más oscuro fue el de un posible proceso judicial por quiebra fraudulenta. Una historia que, por su carácter kafkiano, merecería por sí sola un libro aparte, que sólo diez años después resolvería con éxito, confirmando mi inocencia. Era un pensamiento omnipresente, el invitado no deseado en una fiesta, siempre dispuesto a socavar la diversión y arruinar el ambiente. Intentar meditar en mi casa era como buscar la calma en un concierto de rock: una hazaña casi imposible, pero no sin cierto humor. ¿Alguna vez has intentado realizar estos ejercicios en medio del bullicio doméstico, con dos pequeños músicos en pañales? ¡Sí, mis hijos han demostrado una inclinación innata por la música desde los primeros meses de vida! Mi concentración era frecuentemente interrumpida por redobles de tambores, melodías de juguetes electrónicos, canciones infantiles, etc. Irónicamente, este caos en casa sólo alimentó mi determinación de persistir en el ejercicio diario, con una tenacidad que habría enorgullecido incluso a la mula más testaruda.

En esos días y semanas, cada sesión de respiración se convirtió en un pequeño teatro de mi conflicto interno. En un momento yo era el maestro Zen, inmerso en la paz; Al momento siguiente, me sentí abrumado por pensamientos que flotaban como peces locos en un estanque. En algunos momentos la frustración se hizo tan fuerte que tuve que dejar de hacer ejercicio.

Sin embargo, a pesar de esos momentos de desánimo, algo en mí se negaba a darse por vencido. Tal vez fue esa misma tenacidad la que me ayudó a superar desafíos pasados, o tal vez fue simplemente el deseo de demostrarme a mí mismo que podía hacerlo. Cada vez que me sentía abrumado por los pensamientos, me recordaba a mí mismo que incluso el árbol más grande comienza como una pequeña semilla y que cada respiración es un paso hacia el crecimiento.

Con el tiempo, comencé a notar pequeños cambios: una sensación de calma que poco a poco iba invadiendome, una capacidad de desapegarme de los pensamientos ansiosos. Este viaje hacia el poder de la respiración me enseñó que incluso en el caos total, siempre hay lugar para una sonrisa, para un momento de paz y para la posibilidad de transformar el desafío en triunfo.

Al entrar en esta nueva etapa de mi vida, comencé a notar un cambio sustancial. Los problemas, en lugar de parecer gigantes imparables, comenzaron a transformarse en simples obstáculos, quizás molestos, pero ya no insuperables. Mi perspectiva estaba cambiando: en cada situación, en lugar de un callejón sin salida, veía posibles rutas de escape, y cuando no eran inmediatamente visibles, comencé a confiar en esa voz interior. Era esa misma voz que, como un sabio mentor espiritual, siempre me había susurrado el camino hacia la alegría y el equilibrio, incluso en mis momentos más oscuros.

Ventanas de Sabiduría

Mi viaje de superación personal no se limitó a la práctica de la respiración. Me convertí en un ávido lector y devoraba uno o dos libros de autoayuda por semana. Descubrí autores que eran como alquimistas de las palabras: Napoleon Hill, Wallace Wattles, Ralph Waldo Emerson, William Atkinson, Eckhart Tolle, por nombrar algunos.[5]Cada libro era como una ventana abierta a mundos de sabiduría inexplorada.

Al mismo tiempo, mi pasión por la neurociencia me proporcionó un marco científico para comprender mejor cómo funciona la mente. Era

---

[5]Referencia en el capítulo "Referencias bibliográficas"

como tener un manual de instrucciones para mi cerebro, que me ayudaba a descifrar el código de mis hábitos y reacciones. Y luego vino la física cuántica, que abrió las puertas a una realidad aún más sorprendente, revelando los misteriosos mecanismos que regulan el universo. A veces me sentía como un nuevo científico que, con una mezcla de asombro e incredulidad, descubre que el mundo es mucho más extraño y maravilloso de lo que jamás había imaginado.

Paso a paso, este conocimiento me ayudó a recolectar los fragmentos del alma que inconscientemente había desgarrado en el camino. Era un poco como intentar armar un rompecabezas sin tener la imagen de referencia en la caja, pero con cada pieza descubrí que mi imagen interna se volvía más clara y completa.

En este viaje personal de transformación fue como si estuviera dibujando un mapa para cualquiera que estuviera perdido en los oscuros bosques de la desesperación y estuviera buscando un camino hacia la luz. Y en este viaje aprendí que muchas veces la respuesta que buscábamos no se encuentra en las grandes revelaciones, sino en los pequeños descubrimientos diarios que nos llevan a una mayor comprensión de nosotros mismos y del mundo que nos rodea.

Integración Mente-Cuerpo-Alma

Todas las prácticas de meditación, las chamánicas, suelen enfatizar la conexión mente-cuerpo-alma, donde el bienestar emocional y psicológico puede influir en la salud física. Me di cuenta de que estaba explorando un territorio que iba mucho más allá de la simple relajación o la búsqueda de la paz interior. Estas prácticas enfatizaron un principio que comencé a ver como una verdad fundamental de la existencia humana: la conexión inseparable entre mente, cuerpo y alma. Era como si estuviera descubriendo un antiguo secreto, escondido a plena vista, que desbloquearía la magia de la perfecta armonía.

La investigación en el campo de la psiconeuroinmunología, una palabra que podría haber ganado un premio por su complejidad, se convirtió para mí en una fuente de profunda inspiración. Estos estudios científicos demuestran que no existe una línea divisoria clara entre la salud mental y emocional y el sistema inmunológico. Entendí que el cuerpo era una sinfonía, y la mente, las emociones y la salud física eran los instrumentos que tocaban en perfecta armonía.[6]Por ejemplo, una investigación de la Universidad de California ha demostrado que la práctica regular de meditación puede reducir significativamente los niveles de estrés, mejorando el funcionamiento del sistema inmunológico y reduciendo la inflamación en el cuerpo.[7]

Esta comprensión me llevó a ver las prácticas espirituales bajo una nueva luz. Eran ejercicios para sentirse bien y herramientas poderosas para mejorar la salud física. Fue como si hubiera descubierto que, además de ser el director de mi sinfonía personal, también podía afinar los instrumentos para conseguir la mejor interpretación posible.

Comencé a integrar esta nueva conciencia en mi vida diaria. Cada meditación, cada sesión de respiración consciente, cada momento de conexión con mi alma se convirtió en un acto de cuidado de mi cuerpo. Como si estuviera avivando un fuego sagrado en mi interior,

---

[6]Referencia en el capítulo "Referencias bibliográficas"

[7]Referencia en el capítulo "Referencias bibliográficas"

un fuego que quemaba la tensión y vigorizaba cada célula de mi cuerpo.

Al reflexionar sobre esta integración de mente, cuerpo y alma, comencé a reírme al pensar en cómo, en el pasado, había tratado de separar estos aspectos de mí mismo. Me sentía como si hubiera estado tratando de correr un maratón con una pierna atada. , sin darme cuenta de que al liberar cada parte de mí, podría correr no sólo más rápido, sino también con mayor alegría.

Esta nueva comprensión no era sólo una teoría abstracta; se había convertido en una parte vital de mi experiencia diaria, desde la teoría abstracta hasta lo concreto. Cada día, a través de estas prácticas, redescubrí la maravilla de ser un ser humano, un milagro de mente, cuerpo y espíritu, perfectamente entrelazados en una unidad armoniosa. Y en esta armonía encontré la clave para una mejor salud y una vida más rica y satisfactoria.

También apliqué las lecciones aprendidas dentro de la familia: desde pastas de dientes a base de aloe sin flúor, hasta los detergentes más naturales posibles, pasando por desempolvar los antiguos métodos de nuestros abuelos para tratar el resfriado. Estos pequeños gestos han contribuido a crear un ambiente hogareño más saludable y en armonía con la naturaleza.

Al reflexionar sobre este viaje, me doy cuenta de que cada paso, desde la práctica de la respiración hasta la lectura de libros esclarecedores, representó una etapa fundamental en mi viaje de renacimiento. También te invito a ti, lector, a considerar cómo estas prácticas pueden enriquecer y transformar tu vida también.

Código de Renacimiento: Integración de Mente, Cuerpo y Alma

Este ejercicio es un viaje espiritual y práctico para redescubrir tu verdadero yo, un poco como un mago sacando un conejo de un sombrero, pero en cambio, sacas a relucir la paz y la armonía interior. Está diseñado para ayudarte a navegar a través del caos de la vida cotidiana con una sonrisa, encontrando el equilibrio y la conciencia entre la mente, el cuerpo y el alma. ¿Los beneficios? Una claridad mental que te hace decir "¡ajá!", una calma interna que ni el mejor té del mundo podría ofrecerte y una conexión contigo mismo tan profunda que hasta tus pensamientos más ocultos querrán venir a charlar. .

Paso 1: Reflexión Consciente

- Elija un lugar tranquilo y cómodo.

- Cierra los ojos y respira profundamente durante unos minutos.

- Reflexiona sobre los momentos de crisis o dificultad que has enfrentado.

- Anota tus pensamientos y emociones, intentando observarlos sin juzgarlos.

Paso 2: Lectura iluminadora

- Lea un extracto de un libro de autoayuda o crecimiento personal; sí, ¡tal vez de este hermoso, asombroso, esclarecedor y asombroso libro que está leyendo ahora!

- Reflexiona sobre cómo los conceptos que leíste se aplican a tu vida.

- Escriba cualquier conocimiento o idea que surja de su lectura.

Paso 3: Meditación e Integración

- Después de leer, medita en silencio, intentando no pensar en tu programa de televisión favorito.

- Imagínese mente, cuerpo y alma bailando juntos en perfecta armonía.

Paso 4: Acción práctica

- Al final de la sesión, establece una meta o acción que refleje la integración de mente, cuerpo y alma.

- Esto podría consistir en practicar la respiración consciente a diario, leer con regularidad o realizar actividades que nutran su bienestar físico y espiritual.

- Registre su progreso y reflexiones en un diario.

A través de este ejercicio, no sólo redescubrirás la maravilla de ser un ser humano completo, sino que quizás también encuentres esa sensación de paz interior que te hace sonreír como si acabaras de escuchar tu chiste favorito. Y, quién sabe, tal vez la próxima vez que escuches sobre meditación, yoga o respiración consciente, no puedas evitar pensar: "¡Ah, eso es lo que estaba buscando!".

Chamanismo y abundancia

"La magia es sólo una ciencia que aún no hemos descubierto".

~ Sir Arthur Charles Clarke

Reconexión con uno mismo

Mientras caminaba con mi esposa, inmerso en recuerdos de experiencias paranormales, una pregunta espontánea escapó de mis labios: "Sabes, me gustaría mucho saber qué es un chamán". Me animó a explorar las culturas antiguas de países como Perú, Brasil o Colombia, así que comencé una búsqueda en Google. Al entrar en "experiencia chamánica", me encontré con la palabra "ayahuasca". Después de las primeras líneas dejé de asustarme, porque siempre había estado alejado del uso de drogas químicas o

60

psicodélicas. Tenía fuertes reservas, pero superé el miedo investigando más, sentí una llamada irresistible, quería saber más.

Ese misterioso llamado a mi alma se convirtió en la decisión de asistir a mi primer retiro de ayahuasca en 2015. Aunque fue una experiencia todavía envuelta en un velo de secreto en muchos países, incluida Italia, donde la ayahuasca es estrictamente ilegal, sentí un llamado profundo. Esa primera ceremonia fue una epifanía que cambió el curso de mi vida para siempre. Cuando desperté, después de la primera noche, compartí con asombro que había vislumbrado una capa de realidad oculta más allá de lo ordinario, una dimensión subatómica y energética. En ese viaje interior, lo atravesé, comprendiendo la textura de la realidad misma. Me di cuenta de que la ayahuasca podría ser una herramienta poderosa para sondear rápidamente las profundidades de mi mente y llegar a las raíces del condicionamiento arraigado desde la infancia.

Seguí participando en otros retiros y descubrí que mis meditaciones diarias, una práctica que había seguido durante años, se habían intensificado, volviéndose más profundas y efectivas. Pude concentrarme en problemas específicos, desenmarañarlos y desatarlos como nudos intrincados, llegando así a su esencia.

Durante el segundo retiro, tuve el encuentro que marcaría profundamente mi camino: un chamán tradicional colombiano, invitado por los organizadores a dejar la selva amazónica por primera vez y volar hacia nosotros. Este encuentro me hizo darme cuenta de que si no estaba preparado para un viaje a la jungla, la jungla misma vendría a mí. En una visión durante esa ceremonia, cuatro chamanes me llamaron su quinto compañero. No entendí de inmediato el significado completo de esa visión, pero sentí que contenía un mensaje profundo.

Aprendiz de chamán

Continué dedicándome a los retiros y pronto me encontré involucrado en la organización. Me encomendaron una tarea aparentemente modesta, pero llena de significado poético: limpiar los baños. Armado de escoba y balde, en las largas horas de soledad entre los vapores del detergente y el brillo de los grifos, comencé a reflexionar. El silencio, roto sólo por el chapoteo del agua, me reveló que cada gesto, incluso el más simple, esconde un significado profundo, como una obra de arte en miniatura esperando ser realzada. Por ello me propongo un importante objetivo moral: transformar esos espacios largamente abandonados en verdaderos templos de la limpieza.

Esa tarea pronto se volvió preciosa para mí, fue una lección de la repetitividad meditativa de la tarea y además evocó recuerdos de la infancia, cuando observaba a mi madre ocupada limpiando la casa, ocupada haciendo brillar objetos que ya brillaban. Precisamente de esas experiencias debió surgir mi tendencia a limpiar la cocina hasta dejarla impecable, repasándola no una, ¡sino dos! Para aligerar la monotonía del trabajo y mantener mi ánimo en alto, mi madre llenó la habitación con historias y cuentos, muchos de los cuales eran producto de su viva imaginación. Fue en esos momentos cuando comprendí que el talento para contar historias, que tanto me gustaba utilizar para fascinar a mis hijos con aventuras nocturnas inéditas, era un regalo que me había transmitido mi madre, tan precioso como inesperado.

La interacción diaria con la suciedad, lejos de las superficialidades y exigencias del mundo empresarial, resultó ser la terapia que no necesitaba. Abandoné la máscara del emprendedor exitoso que me había creado, admitiendo que mi visión estaba equivocada, distante de la realidad y, más fundamentalmente, no alineada con mi verdadera esencia. De hecho, las personas que logran objetivos comerciales importantes combinan visión y sabiduría empresarial. Entre el fuerte olor a amoníaco y el delicado susurro de los pinceles, redescubrí el significado de una existencia genuina: un regreso a mis raíces que me inundó de una alegría sencilla y completa, haciéndose eco de las historias de mi madre.

Posteriormente comencé a participar activamente en ceremonias chamánicas, explorando la música con diferentes instrumentos. Aunque habían pasado más de veinte años desde la última vez que toqué una guitarra, un instrumento central en la tradición chamánica colombiana junto con las flautas y la percusión, sentí que la música fluía naturalmente de mí. Tuve la intuición de que no era yo quien tocaba los instrumentos, sino que ellos mismos tocaban a través de mí. Aprender estos instrumentos musicales se convirtió en una práctica de meditación, haciendo que cada nota tocada fuera un sonido, un diálogo con lo invisible con un lenguaje propio más allá de las palabras. La música demostró ser una clave poderosa para conectar el mundo tangible con el espiritual, actuando como un puente entre ambos. Este viaje de aprendizaje de prácticas chamánicas fue intenso y, aunque inicialmente arduo, profundamente gratificante.

Durante estas ceremonias enfrenté mis inseguridades y miedos, descubriendo sus raíces profundas. Cada ceremonia condujo a una mayor comprensión e integración de estas experiencias, estableciendo un vínculo psicológico que enriqueció mi viaje espiritual.

En una prometedora ocasión de exotismo e iluminación durante un retiro en Amsterdam, el destino decidió jugar una de sus más extrañas bromas. El chamán, el esperado faro de nuestra experiencia, que debía dirigir la ceremonia, sufrió una repentina enfermedad que me dejó en un mar de incertidumbres. Yo estaba allí, sin ninguna pretensión de chamanismo, frente a un grupo de almas aventureras que habían atravesado montañas y valles, además de adelgazar sus billeteras, para sumergirse en esta experiencia.

La mezcla de miedo y determinación que me invadió en ese momento debió ser algo parecido a lo que siente un actor cuando olvida su línea en medio de una escena crucial, con el agravante de que en mi caso esta vez no había guión. . seguir. Sin embargo, con un coraje inesperado, me encontré dirigiendo la ceremonia. Cada gesto que hacía, cada palabra que salía de mi boca, parecía susurrada por una antigua sabiduría que no sabía que poseía.

Se produjo una transformación radical, de repente toda la experiencia interna aprendida hasta entonces, combinada con la humildad del trabajo físico, adquirió plenitud de significado: me convertí en un puente entre mundos. Sentí la presencia y el aliento de los chamanes que había conocido en mis viajes profundos y personales, como si su sabiduría fluyera a través de mí.

Esa experiencia resultó esclarecedora y reveló una capacidad no expresada: ser un conducto hacia algo más grande y más profundo que mi existencia. Así comenzó, casi por casualidad, mi viaje chamánico, un viaje de misterio y descubrimiento que sigue definiendo mi camino.

El ritual

Ver a un chamán prepararse para un ritual equivale a observar a un actor antes de subir al escenario, con la diferencia de que, en lugar de Shakespeare, hay un toque de magia amazónica. Por un lado percibimos surrealismo y un toque de comedia, y por otro, un profundo respeto por lo místico. Los chamanes, provenientes de diferentes culturas como Perú, Colombia, Brasil y Ecuador, visten ropas bordadas a mano, adornadas con collares de semillas o dientes de animales, símbolos de su protección espiritual. A menudo completan su vestimenta con coronas que no sólo son decorativas sino también protectoras, especialmente para la cabeza, que consideran una parte delicada del cuerpo.

Antes de mi "debut" holandés, participé en una ceremonia dirigida por un chamán peruano, durante la cual observé el uso de un haz de hojas atado, conocido como wayra. Al principio, esta herramienta me pareció casi divertida. Yo estaba como, "¿Qué haces con esa cosa?" La profunda comprensión de este instrumento me fue revelada a través de una experiencia visionaria difícil de explicar, en la que pude "ver" más allá del velo de la realidad material. Fue así como realmente comprendí el papel energético del wayra durante la culminación de la ceremonia, observando cómo el chamán utilizaba esta herramienta para manipular y dirigir las energías sutiles dentro del espacio sagrado.

La wayra, denominada shakapa, chakapa, chacarpa o huaira sacha según la región, tiene origen en el término quechua y designa un instrumento parecido a una coctelera, elaborado con hojas del género Pariana. Por ejemplo, en el contexto de la tribu chamánica Inga de la Amazonia colombiana, la wayra es fundamental en las ceremonias de ayahuasca, donde el curandero la agita alrededor del paciente mientras canta un icaro, una canción curativa. El sonido de la wayra, generado por una amplia gama de movimientos, crea una atmósfera de limpieza energética, también llamada "Limpia" en español.

Algunos dicen ver cintas de luz flotando alrededor de la wayra durante los rituales, creando una atmósfera casi mágica. Tradicionalmente, la wayra se elabora atando hojas para formar un instrumento en forma de abanico, que produce sonidos relajantes y simboliza la conexión entre los humanos y la naturaleza. Cada movimiento del chamán con la wayra no es sólo una danza física, sino también una oración en movimiento, un diálogo silencioso con lo invisible. Los chamanes creen que el sonido de wayra puede invocar espíritus protectores, limpiar el aura y facilitar el viaje espiritual del paciente durante los rituales de ayahuasca.

El uso de la wayra acompaña todo el transcurso de la ceremonia desde la fase inicial, cuando se "energiza" la bebida sagrada, lo que para los chamanes se traduce en activar y recordar "el espíritu del yagé". Posteriormente, la ceremonia se enriquece con una sinfonía ecléctica: a veces es la música salvaje de la selva amazónica la que actúa como telón de fondo, otras veces son las canciones profundamente inspiradas del chamán, conocidos como icaros, las que guían el viaje espiritual. No faltan momentos en los que los músicos, o "músicos", entrelazan en sus melodías la llamada música medicinal, elemento fundamental de la tradición chamánica. Particularmente para las tribus chamánicas colombianas, esta música trasciende el simple concepto de notas y melodías; se transforma en un verdadero lenguaje del alma, que se comunica directamente con los corazones de los participantes y construye un puente sonoro entre los mundos tangible e invisible.

Normalmente los instrumentos musicales son utilizados por los propios chamanes o por sus aprendices ya que para ellos es muy importante escuchar su profundo significado. En el contexto de los rituales chamánicos de ayahuasca, la música juega un papel crucial, comparable al de herramienta terapéutica en la medicina moderna, ya que sirve para facilitar los procesos de curación y bienestar psicológico con eficacia similar a tratamientos clínicos reconocidos. En la práctica chamánica, la música, a menudo en forma de cánticos o sonidos producidos por instrumentos como la wayra, es esencial para guiar a los participantes a través de la experiencia de ayahuasca, considerada una forma de sanación espiritual e introspección.

Las investigaciones científicas demuestran que la música tiene efectos beneficiosos sobre la ansiedad, la depresión, el dolor y la fatiga, especialmente en pacientes con cáncer.[8]En este sentido, la música en los rituales de ayahuasca podría tener un impacto terapéutico similar, actuando como un poderoso catalizador para el viaje interior y la exploración emocional.

---

[8]Referencia en el capítulo "Referencias bibliográficas"

La música en los rituales de ayahuasca, así como en la música medicinal, puede servir como una poderosa herramienta emocional para afrontar situaciones estresantes. La música en estos contextos se utiliza para dar respuesta a necesidades físicas, psicológicas, sociales y emocionales, promoviendo una forma de terapia no farmacológica.[9] Además, la música en estos rituales puede considerarse un equivalente de la intervención de musicoterapia, donde un enfoque personalizado guiado por un terapeuta cualificado (en este caso el chamán o "músico") es fundamental.

Los chamanes utilizan esencias e incienso para crear una atmósfera sagrada, especialmente en las etapas iniciales de la ceremonia. Estos elementos aromáticos también se utilizan durante el ritual para armonizar el ambiente y, en particular, después de la "limpia", para potenciar aún más el efecto de purificación y facilitar un estado de mayor receptividad y apertura interior en los participantes.

Desde un punto de vista científico, se ha demostrado que los aromas y perfumes influyen en el estado psicológico y físico de las personas. Las investigaciones en el campo de la aromaterapia han demostrado que ciertos olores pueden tener efectos calmantes, reducir el estrés y mejorar el estado de ánimo.[10] Estos efectos se deben a la interacción de los olores con el sistema límbico del cerebro, la región responsable de las emociones y los recuerdos.[11]

---

[9] Referencia en el capítulo "Referencias bibliográficas"
[10] Referencia en el capítulo "Referencias bibliográficas"
[11] Referencia en el capítulo "Referencias bibliográficas"

Además, los olores pueden ayudar a anclar a los participantes en la experiencia, proporcionando un punto de referencia sensorial que puede resultar calmante en momentos de emociones intensas o malestar psicológico. En este contexto, los aromas sirven como puente entre el mundo físico y el espiritual, facilitando un viaje más profundo y significativo.

Por respeto a los Maestros y para garantizar la exhaustividad de la información, corresponde precisar que lo descrito anteriormente representa sólo una fracción del ritual chamánico de la ayahuasca. Hay muchos otros gestos y momentos sagrados que permanecen preservados como conocimientos reservados a los propios chamanes. En algunos casos, estos aspectos pueden resultar difíciles de explicar de forma literal debido a su complejidad y su profunda diferencia con respecto a nuestro conocimiento común.

En resumen, el ritual chamánico de la ayahuasca constituye un ejemplo perfecto de la fusión armoniosa entre las prácticas tradicionales y la ciencia moderna. Esta unión crea una experiencia holística que conecta la espiritualidad, la ciencia y el bienestar psicofísico en un contexto único y fascinante.

En todos los rincones del mundo, en diferentes épocas y culturas, los rituales siempre han jugado un papel fundamental. Representan puentes sagrados entre nuestro yo diario y el más profundo, uniéndonos a lo que yo llamo "energía cósmica", un término elegido por su universalidad, para respetar todas las religiones y creencias. El ritual nos invita a ingresar a un espacio sagrado, creado no sólo físicamente sino también internamente, donde podemos reconectarnos con las partes más íntimas de nuestro ser.

En mis talleres y cursos online pongo gran énfasis en la importancia de dedicarte a crear un espacio sagrado, aunque eso solo signifique dedicar unos minutos a la meditación cada día. Reconocer y honrar estos momentos nos permite acercarnos a nuestra Verdadera Esencia, abriendo la puerta a un viaje de descubrimiento personal y espiritual. Este concepto trasciende la simple preparación de un espacio físico: es una invitación a darle valor y significado profundo a esos momentos, a buscar una conexión con la versión más genuina de uno mismo.

También destaco el valor transformador de asumir el rol de guía en estos actos sagrados, similar a lo que hace un chamán o líder espiritual. Esta práctica no se limita simplemente a realizar una ceremonia; se extiende a la importancia de distanciarse del propio Ego. Es crucial comprender que es posible desempeñar múltiples roles y asumir diferentes identidades, manteniendo al mismo tiempo una distancia crítica de ellos. Este desapego abre el camino a la exploración de nuevas dimensiones del yo, a la encarnación de cualidades y potencialidades inexploradas, fomentando un crecimiento personal que va más allá de los límites del yo cotidiano.

Y tú, ¿alguna vez has sentido el llamado de un ritual, o experimentado la profunda conexión que se puede crear en un espacio sagrado, ya sea en la selva amazónica o en el silencio de tu habitación?

Desafíos y revelaciones

Enfrentar los desafíos de la vida a veces puede parecer un poco como jugar un juego de mesa complicado sin instrucciones. Puedes perder el rumbo fácilmente, pero es precisamente en estos momentos cuando surgen las revelaciones más poderosas. Cada crisis, grande o pequeña, encierra un potencial invaluable para el crecimiento y la renovación personal. Es como encontrar una luz escondida en una habitación oscura, que una vez encendida ilumina todo el camino.

Una de las técnicas que creé, que utilizo durante mis retiros y talleres chamánicos para explorar el viaje hacia el autodominio, es la 'Práctica de Trascendencia del Ego', cuyo objetivo es abrazar una vida más equilibrada y plena.

Me impresionaron mucho los resultados obtenidos con James, un abogado de éxito, que se transformó por completo, liberándose de cadenas mentales limitantes y descubriendo una fuente inagotable de energía creativa. Es como si hubiera encontrado las llaves de una puerta que siempre había ignorado.

También en mi vida estas prácticas han funcionado de maravilla. Recuerdo un momento en el que estaba tan abrumado por las presiones laborales que me olvidé de respirar (¡casi literalmente!). Con la 'Práctica de Trascendencia del Ego', redescubrí el arte de equilibrar la ambición y la serenidad, aprendiendo que la verdadera riqueza es una mezcla equilibrada de éxito externo y paz interna.

Las palabras contenidas en estas páginas son una invitación a viajar hacia tu espiritualidad personal y encontrar esa armonía entre lo material y lo espiritual. Es un poco como tener una brújula para navegar en un mar de posibilidades, donde la verdadera abundancia es el tesoro escondido.

En lo más profundo de las experiencias chamánicas, redescubrí el significado de la riqueza y el éxito. Antes medía el éxito en términos de logros materiales, como un explorador que cuenta sus tesoros. Pero ahora, a través de prácticas y ceremonias chamánicas, he comenzado a ver la riqueza desde una perspectiva completamente diferente. Es como si me hubiera puesto las gafas adecuadas y de repente todo aparece claro: la verdadera riqueza no está en poseer, sino en saber disfrutar lo que la vida ofrece, en fluir con el universo.

Hoy en día, en cada proyecto que emprendo me doy cuenta de que ya no soy yo quien persigue el dinero; al contrario, es como si el dinero mismo me estuviera buscando, llegando como viejos amigos llamando a la puerta de forma inesperada. Durante este viaje aprendí a valorar cada momento del proceso, alejándome de la concepción tradicional del trabajo para verlo más bien como un vehículo para manifestar mi Verdadera Esencia. Esta evolución en mi visión de la prosperidad ha transformado la vida cotidiana en una aventura apasionante, donde la auténtica alegría surge de establecer conexiones profundas con mi interior y con el entorno que me rodea, navegando en un viaje que resulta a la vez material y espiritual.

El código del chamán: el ritual

En el camino chamánico, el ritual es un momento sagrado, un puente entre el mundo material y espiritual. Este código te invita a redescubrir lo sagrado en las pequeñas cosas, encontrando magia y significado incluso en los gestos cotidianos más banales. Cada aspecto del ritual, desde vestirse hasta la música, tiene un significado profundo y contribuye a una conexión más íntima con el yo interior. En la vida chamánica, cada momento puede volverse sagrado, incluso cuando estás preparando el café de la mañana o durante esa reunión con el jefe. Este código te guiará para crear tu propio ritual personal, transformando las acciones cotidianas en oportunidades para celebrar y conectarte con tu yo más profundo.

Paso 1: vestirse

Empiece por "vestirse". Cambia tu atuendo o usa un artículo especial como un collar o una pulsera. También podría ser el delantal de un chef lleno de manchas de salsa o tu suéter de la suerte. Cada prenda que usas te ayuda a transformarte en el personaje principal de tu ritual diario. Incluso un simple accesorio puede servir como recordatorio para permanecer anclado en el momento presente, recordándote vivir cada acción con intención y presencia. Recuerda, este ritual es exclusivamente tuyo. Elige artículos que hablen a tu alma, te hagan sonreír o te traigan paz. Ya sea una piedra recogida en un viaje especial o un colgante regalado por un amigo cercano, cada artículo que elijas añade un toque personal y un significado más profundo a tu ritual.

Este momento representa una transformación, similar a la que experimentas cada vez que te preparas para ir al trabajo, para hacer ejercicio en el gimnasio o para una reunión con amigos. Es una forma de honrar tu presencia en cada momento del día, de celebrar lo sagrado en los gestos cotidianos y de recordarte que eres el creador de tu realidad, un chamán de tu existencia.

Paso 2: preparar el espacio

Elige y prepara tu espacio sagrado. Ya sea en tu escritorio, con esos post-it de colores brillantes, o en la cocina, con cada especia que se convierte en un ingrediente mágico, cada objeto ayuda a crear una atmósfera especial para tu ritual. Reúne todos los elementos que necesitarás para tu meditación o para cualquier actividad que estés a punto de emprender. Considere agregar un objeto que lo inspire o lo calme: una planta, una vela aromática o una fotografía que le brinde tranquilidad.

Paso 3: Medicina musical

La música es tu hechizo sonoro. Acompaña tu ritual con música. Elige música médica o de meditación que te ayude a reconectarte con tu yo interior.

Paso 4: Esencias

Si estás cocinando, deja que los aromas de la comida se conviertan en tu esencia. O encienda un poco de incienso para transformar su oficina en un templo. Estos aromas actúan como catalizadores de tu viaje interior, ayudándote a crear una atmósfera de concentración y serenidad. Si no tienes incienso o esencias, considera usar un aceite esencial o incluso simplemente el sabor del café o té que estás preparando.

Cada parte de este ritual te permitirá una conexión contigo mismo y con el entorno que te rodea. Cuando enciendes incienso o escuchas música, siente cómo estos elementos interactúan con el espacio que te rodea, creando una armonía entre tu mundo interior y el exterior.

Esta conexión es un poderoso recordatorio de cómo todos estamos entrelazados con el universo.

Paso 5: Intención

Establece la intención de tu ritual. Ya sea que estés meditando, cocinando o preparándote para una reunión con tu jefe, concéntrate en el objetivo que deseas alcanzar. Al establecer su intención, recuerde que el poder reside tanto en el logro como en el viaje que emprende, incluso si se trata simplemente de sobrevivir un lunes por la mañana. Mientras sigues estos pasos, recuerda que tu ritual puede y debe evolucionar con el tiempo. Escucha tu corazón y tus instintos: si un día sientes la necesidad de modificar un pasaje, añadir un nuevo elemento o cambiar el orden, confía en estas intuiciones. Tu ritual está vivo y refleja tu viaje personal.

Paso 6: Conclusión

Concluye tu ritual con un gesto simbólico: puede ser una música específica, una oración o simplemente algunas palabras elegidas de tu corazón. Utilice siempre el mismo ritual de cierre para cada una de sus "ceremonias". Finalmente, tómate un momento para apreciar el resultado que has logrado, incluso si aún no se ha manifestado. Después de concluir el ritual, tómate un momento para reflexionar sobre lo que acabas de experimentar. Escriba cualquier pensamiento o sentimiento que surja para generar conciencia y aprecio en su viaje diario.

Este ritual no es sólo una serie de pasos, sino que se revela como una invitación solemne a celebrar la irrepetibilidad del propio ser. Se abre ante ti una oportunidad única para infundir equilibrio y armonía en el tejido de tu existencia, un suave recordatorio de que la espiritualidad puede tejerse delicadamente en la cotidianidad de la vida. Al usar tu 'atuendo ritual', ya sea que estés organizando una reunión o simplemente colocando la cena en la mesa, estás elevando un momento ordinario a lo sagrado. Estos gestos, sencillos pero profundos, se convierten en la expresión de tu espíritu y en un reconocimiento de la belleza y el misterio que se esconde en lo cotidiano y lo familiar.

Heráclito, el venerable filósofo griego, proclamó: "El camino hacia arriba y hacia abajo es el mismo".[12]Estas palabras encuentran un eco profundo en la práctica del ritual chamánico, recordándonos que cada acto de nuestro día, por banal que parezca, es un fragmento de un viaje espiritual unificado.

A través de este ritual, cada rutina se transfigura en un acto de pura conciencia y presencia viva. Sirve como recordatorio de que, incluso en el torbellino de los desafíos diarios, existe un santuario de paz y autoconexión, siempre a nuestro alcance. Cada gesto está cargado del potencial de explorar la evolución personal y honrar el encanto escondido en cada amanecer.

Recuerda, tú eres el gobernante de tu destino, el arquitecto de tu viaje espiritual. Con este ritual das la bienvenida a tu esencia más auténtica y abres las puertas a un horizonte de transformación y renacimiento sin fronteras.

---

[12]Referencia en el capítulo "Referencias bibliográficas"

Relaciones transformadoras

"No caminamos por la tierra como extraños, sino como parientes cercanos".

~ Proverbio nativo americano

Chamán en el mundo moderno

Mi aventura en los años siguientes se convirtió en un viaje fascinante, una especie de vuelta al mundo del espíritu. Dirigí retiros en lugares que iban desde exuberantes bosques tropicales hasta vibrantes metrópolis, interactuando con un caleidoscopio de culturas y conociendo a cientos de personas, cada una con una historia única y conmovedora. He descubierto que el papel de un chamán en el mundo moderno es un poco como ser un equilibrista que camina sobre la cuerda floja entre dos mundos muy diferentes.

Como emprendedor, admito que abrazar el concepto de "chamán" no ha sido un camino lineal. Al principio, era como llevar un sombrero demasiado grande para mi cabeza, algo que no parecía encajar con el retrato de hombre de negocios que había construido. Mis amigos observaron con una mezcla de escepticismo y preocupación, probablemente preguntándose si había reemplazado mis predicciones financieras con profecías mayas. Pero lo que realmente estaba haciendo era navegar en un mar tumultuoso de realineamiento interno, tratando de hacer que mi mente lógica coexistiera con un alma que anhelaba una conexión más profunda.

Durante los aproximadamente dos años que estuve dentro de la organización -sí, precisamente en el que limpiaba los baños- encontré una fuente inagotable de inspiración. La práctica de la "integración", introducida por su fundador Alberto Varela, ha marcado profundamente mi camino, ofreciéndome un equilibrio armonioso entre racionalidad y espiritualidad. En Alberto, reconocí a un "Maestro" por la admiración que sentía por él, tanto como fundador de una organización que reunía talentos excepcionales de todo el mundo, como como guía experto en navegar las complejidades del alma y la mente. Su sabiduría y extraordinaria capacidad de comunicación lo convirtieron en un punto de referencia único, capaz de iluminar e inspirar a cualquiera que se cruzara en su camino.

Fue profundamente inspiradora mi breve experiencia en este contexto, un período de mi vida por el que siento un inmenso agradecimiento, particularmente hacia Alberto. Su reciente transición a un estado superior de existencia me recuerda el valor de sus enseñanzas y la profundidad de su impacto en mi viaje personal. Su legado sigue vivo no sólo a través de las prácticas que dejó atrás, sino también en el profundo sentimiento de gratitud que reside en mi corazón por el tiempo pasado bajo su liderazgo.

Dentro de la organización y en los años siguientes, tuve la increíble oportunidad de trabajar junto a chamanes tradicionales y combinar el conocimiento de profesionales del calibre de psicólogos, psicoterapeutas, médicos e intelectuales de gran importancia. De estas experiencias me inspiré para desarrollar una nueva técnica, a la que llamé "Práctica de Trascendencia del Ego".

La esencia de esta práctica radica en encontrar la armonía entre la racionalidad y la intuición, combina los descubrimientos de la neurociencia y la física cuántica con enfoques psicológicos, entrelazándolos con una profunda espiritualidad. Es un viaje de crecimiento personal que tiene sus raíces en la realidad tangible, mientras se eleva hacia esferas superiores del espíritu. Utilizando esta "herramienta", cada acción, incluso la más pequeña, se convierte en un paso significativo hacia la trascendencia de uno mismo y la reconexión con nuestra esencia más íntima. Es una exploración de la interioridad y un verdadero abrazo de todo el universo de nuestro ser.

La Práctica de la Trascendencia del Ego se convirtió en un faro que guió a los participantes en mis ceremonias y talleres, e incluso a mí mismo, a través de la agitación del mundo moderno. Como bailar bajo la lluvia, aprender a disfrutar de cada gota intentando no resbalar.

Cada sesión, cada retiro es un paso más en este viaje de equilibrio y descubrimiento, que ha transformado mi visión de la vida, el trabajo y las relaciones humanas.

"Chamán en el mundo moderno" o "El chamán moderno" es a la vez el título de un capítulo de mi vida y una invitación a explorar cómo cada uno puede encontrar su propio equilibrio único, abarcando tanto el mundo material como el espiritual. Es una historia sobre cómo aprender a navegar la modernidad sin perder el contacto con esa parte de nosotros que resuena con los ritmos ancestrales de la Tierra. Y, en cierto modo, también es una comedia porque, seamos realistas, a veces el viaje espiritual puede tener sus momentos hilarantes, especialmente al tratar de ilustrar a tus compañeros la esencia de un ritual chamánico en los breves intervalos entre una reunión de negocios y la reunión. otro.

¡Gracias Alberto por ser una luz radiante en mi camino, un encuentro que hizo vibrar mi alma!

El valor interno

En uno de mis retiros, tuve la oportunidad de conocer a un conocido empresario al que llamaremos John por razones de privacidad y porque definitivamente suena bien. Su éxito en los negocios lo había sumergido por completo en un mundo de números, gráficos e informes, un lenguaje que yo conocía muy bien. Durante una sesión de Práctica de Trascendencia del Ego, me tomó por sorpresa con una pregunta: "¿Cómo puedo darme verdadero valor a mí mismo?"

Decidí jugar con él ofreciéndole un ejercicio al estilo de una película de ciencia ficción de Hollywood: "Imagina que solo te quedan cinco minutos de vida, pero te dan la oportunidad de comprar otros cinco para hacer algo especial. ¿Qué harías con esos minutos extra? Después de una pausa reflexiva, John respondió: "Me despediría de la gente que amo". Bueno, ahora dime: "¿cuánto valen para ti esos cinco minutos?". Al principio lo consideró como si se tratara de una simple transacción comercial; sin embargo, luego de pensarlo un momento, terminó asignando un valor de ocho cifras a esos cinco minutos.

A continuación, comenzamos a desglosar esta cifra, casi como una receta compleja. "¿A cuánto asciende tu ingreso anual ideal?" Lo dividimos por meses, días y horas, para descubrir el valor que se le atribuye a cada momento de su vida, incluido el sueño. La voz de John cambió a lo largo del ejercicio, pasando de un tono rígido a una profunda introspección. Cuando calcularon el valor de un solo minuto de su vida (a pesar de las ocho cifras que indicaba), John quedó sorprendido y visiblemente conmovido. Intentó mantener la compostura de un hombre de negocios, pero su lucha por contener sus emociones era evidente, como si quisiera evitar que se le escapara una lágrima rebelde. Con este ejercicio el objetivo era demostrar el valor inconsciente que atribuimos a cada minuto que pasa en nuestra vida. Ponerle un precio en un "sistema" donde todo tiene un valor económico nos ayuda a comprender lo precioso que es cada momento. El resultado es casi siempre el mismo: asombro mezclado con profunda comprensión e, inevitablemente, esa lágrima habitual.

Unos meses más tarde, durante un taller, John me confió que el ejercicio había cambiado radicalmente su percepción de la vida. Había comenzado a dedicar más tiempo a su familia, viviendo cada momento con más presencia y atención. Esta nueva conciencia le permitió apreciar el valor intrínseco de cada momento de su vida, cambiando su actitud hacia sus seres queridos y sus actividades cotidianas. Me confió que a veces se detenía a mirar el reloj mientras transcurría un minuto y reflexionaba: "Increíble, podría haber ganado siete dólares en este minuto, pero prefiero invertirlos en ver a mi hijo cazar mariposas, un tiempo que nunca es cuantificable en dinero. ¿Quién hubiera pensado que el beneficio real está en vivir el momento presente y no en los números?

Nuestra conversación me recordó que el verdadero valor de la vida se encuentra en las relaciones, los momentos compartidos y las conexiones auténticas. John ha descubierto que la verdadera riqueza no se encuentra en los números de una cuenta bancaria, sino en las sonrisas de sus hijos, en las veladas familiares y en los pequeños gestos que dan sentido a la vida. Había aprendido que medir el éxito no se trata de contar dinero, sino de contar los momentos que llenan el corazón de alegría.

En este ejercicio, John se ha convertido en un ejemplo vivo de cómo un cambio de perspectiva puede transformar no sólo la vida de uno sino también la de quienes nos rodean. Ha aprendido que estar presente, dar atención y amor son los verdaderos indicadores de una vida bien vivida. Y con esta revelación, descubrió que cada día es una oportunidad para crear riqueza de un tipo que no se puede cuantificar, sino sólo sentir y experimentar.

Cómo estar "presente"

El concepto de estar verdaderamente presente tocó mi alma de una manera inolvidable. Recuerdo como si fuera este momento el momento en que, regresando de un retiro chamánico, vi a mi hijo Alessandro, que acababa de cumplir ocho años, envuelto en la tranquilidad de nuestra casa, completamente inmerso en la lectura de un libro. Era una imagen de pura inocencia y profunda sabiduría, un puente entre mundos a través de palabras impresas.

Desde sus primeros años, Alessandro mostró una sed de conocimiento que iba más allá de la simple curiosidad, que luego se diversificó en una variedad de pasiones e intereses. Desde que comenzó a leer, ha demostrado ser un lector voraz, sumergiéndose en libros de todos los géneros, incluidos algunos tan complejos que desafían incluso la comprensión de un adulto. Posee alma de explorador, decidido a viajar a través de las páginas de los libros para descubrir mundos desconocidos e historias inesperadas. Su pasión por la lectura es una llama que aún hoy arde con una rara intensidad, una luz que ilumina caminos de aprendizaje y descubrimiento.

Ese día, movida por un impulso que me parecía divino, decidí hacer algo radicalmente simple pero profundamente poderoso: me senté a su lado, eligiendo abandonar todas las distracciones para sumergirme en el precioso "arte de simplemente ser". En ese momento, el tiempo pareció detenerse. El mundo exterior, con sus incesantes demandas, desapareció, dejándonos en una burbuja de intimidad silenciosa y vibrante.

Y así permanecimos, durante lo que pareció una eternidad pero resultó ser solo una hora, conectados de una manera que las palabras no pueden describir. Cuando Alessandro cerró el libro y se volvió hacia mí, sus ojos eran dos estrellas que brillaban con emoción pura e incontaminada. Su sonrisa, un rayo de sol capaz de disolver toda sombra, fue uno de los regalos más preciados que jamás había recibido. "¡Gracias papá, fue un placer estar aquí contigo!" dijo, y en ese momento, sentí que algo dentro de mí 'clic'.

La comprensión que me invadió fue tumultuosa y dulce al mismo tiempo. Nos abrazamos. Podía sentir los latidos de su corazón contra el mío. Una avalancha de emociones me invadió y, de repente, lo entendí. No quería ser sólo un "papá" en el sentido tradicional. Quería ser una figura inspiradora en su vida, un ejemplo de autenticidad y amor incondicional. Su pedido de presencia fue una invitación a compartir mi tiempo junto con la esencia misma de mi alma.

Ese día se convirtió en un faro en mi vida, iluminando la verdad que muchas veces olvidamos: estar presente es el mayor regalo que podemos ofrecernos a nosotros mismos, a nuestros hijos y a cualquiera que se cruce en nuestro camino. La verdadera presencia, la que se manifiesta de todo corazón, es la clave para tejer conexiones profundas y significativas. Me di cuenta de que ser padre es mucho más que liderar; es inspirar. A partir de ese momento, abracé la misión de vivir con la "presencia" como brújula, descubriendo que en los momentos más simples se encuentran las verdades más profundas de la existencia.

Alquimia de conexiones

Mi experiencia me ha enseñado que el crecimiento personal es mucho más que un camino solitario; es un arte sutil, casi alquímico, de renovar y enriquecer las conexiones humanas. Cada etapa de esta peculiar odisea ha renovado mi interior y ha infundido un nuevo espíritu en mis relaciones, incluidas las con el prójimo. Se puede decir con seguridad que tiene un don muy particular: transformar cada discusión con su esposa en un concierto nocturno de gritos, con diálogos y epítetos coloridos. Siempre de noche, es el momento propicio para que su familia dé lecciones educativas a su hijo, con reprimendas de alto impacto auditivo. Sí, justo cuando el resto del mundo está tratando de abrazar sus sueños, deciden que es el momento perfecto para una "ópera" nacional en toda regla.

Su actuación, que imagino es realizada para mi exclusivo disfrute, porque, seamos realistas, ¿qué otro público podría haber a esa hora? - me enseñó a apreciar las pequeñas alegrías de la vida. Ahora, cada vez que el drama cobra vida a través de sus voces, no puedo evitar sonreír y pensar: "¡Mira, mi noche tranquila se enriquece con un nuevo capítulo!". A su manera, este concierto nocturno añadió una dimensión inesperada a mi existencia, recordándome que el humor se puede encontrar incluso en las circunstancias más improbables.

Esta transformación que experimentamos es un viaje interior solitario, más bien un arte delicado, una danza espiritual. Cada paso que damos, cada movimiento de nuestra alma, se mueve en armonía con la melodía universal, entrelazando nuestro espíritu con el alma de quienes nos rodean. Es como presenciar la danza de la wayra en manos del chamán, quien mueve delicadamente las hojas alrededor del paciente. En esta danza, cada hoja armoniza el campo energético, de forma similar a cómo equilibramos nuestra vida con las personas cercanas a nosotros, 'sanando' cualquier estancamiento energético en nuestras relaciones y en nuestra alma.

En mi viaje, he descubierto que las relaciones son como espejos que reflejan quiénes somos y también quiénes podríamos llegar a ser. ¿Sabes cuando interactuamos con una persona que tiene la costumbre de responder "sí, pero…" a todos nuestros comentarios? En realidad, es una forma de evitar escucharnos realmente.

He aprendido que las relaciones más significativas son aquellas en las que podemos ser auténticamente nosotros mismos, sin máscaras ni pretensiones. Son esos momentos en los que, sentado en silencio con un amigo, no sientes la necesidad de llenar cada pausa con palabras, sino que simplemente puedes "ser". Es un poco como participar en una videoconferencia de trabajo, impecable en la parte visible, pero en realidad debajo del escritorio estamos cómodamente en pantalones cortos o calcetines con muñecos, indiferentes a lo que otros podrían pensar si pudieran ver la imagen en traje de negocios. .

En mi viaje exploratorio de autodescubrimiento, me di cuenta de que las conexiones más verdaderas y profundas florecen al aceptar nuestra vulnerabilidad. Es al compartir nuestros miedos, esperanzas y sueños que las relaciones encuentran su verdadero significado. Así como un chamán en su ceremonia, que se vacía de todo pensamiento para convertirse en un puro canal de energía, nosotros también, cuando nos liberamos de nuestros egos y preconceptos, nos convertimos en canales de magia relacional. La verdadera magia se manifiesta en esos momentos de sincera apertura, donde las palabras no dichas resuenan más fuerte que las dichas, creando un vínculo que va más allá del simple intercambio verbal.

Te insto a meditar sobre cómo tu viaje personal puede no sólo embellecer tu existencia, sino también la de las personas que amas. Recuerda que cada pequeño progreso en tu desarrollo personal representa un tesoro que puedes regalarte a ti mismo y a los que te rodean.

En el seno de las relaciones que nos transforman, descubrimos que la auténtica alquimia no consiste en cambiar a los demás, sino en permitir que nuestra evolución interior inaugure nuevos caminos y espacios de conexiones sinceras y profundas. Es un arte delicado, el de tejer los filamentos de nuestra vida con los de los demás, creando un tejido vivo de experiencias humanas que nutren el alma.

El poder de esta alquimia me quedó claro en un momento especial con mi segundo hijo, Riccardo, cuando sólo tenía dos años. Estábamos en la playa con mi mujer Rossella, y él estaba inmerso en construir castillos de arena con la naturalidad de un pequeño arquitecto. Una de sus habilidades es crear algo asombroso de la nada. Mientras lo observaba, me inspiré en su mundo de genio inocente. Se acercó a mí, tal vez para captar mi atención, y en ese momento, movido por una intuición, le pregunté: "¿De dónde eres? ¿Y por qué me elegiste a mí en particular?".

La respuesta fue una espontaneidad desarmante, típica de su tierna edad. Con un gesto significativo, señaló el mar y dijo: "Yo vengo de allí", con una voz que parecía contener los secretos de un mundo perdido en la inocencia. Luego, fijándome con una mirada llena de afectuosa sinceridad, añadió: "Y te elegí a ti porque eres el universo de la risa".

Estas palabras sencillas, pero llenas de profundo significado, vibraron en nosotros como la más dulce melodía. Rossella, a mi lado, me estrechó la mano compartiendo esa emoción indescriptible, esa sensación de complicidad que sólo las palabras de un niño pueden evocar. La certeza con la que había señalado el mar nos había impactado profundamente, como si nos hubiera revelado un antiguo secreto, un vínculo sagrado con el infinito.

En ese momento, con el sonido de las olas de fondo y su contagiosa sonrisa iluminándonos, entendimos la verdadera esencia de nuestras relaciones. La visión pura y directa de la felicidad y el amor de un niño nos hizo reflexionar sobre el valor y el privilegio de ser padre.

La mirada de mi pequeño, crisol de confianza y cariño, reflejaba los valores más sinceros y profundos que jamás habíamos conocido. Sus palabras, dichas con la naturalidad de quien aún no conoce el filtro de la racionalidad adulta, se convirtieron para nosotros en un faro y una invitación a vivir cada día con amor, alegría y presencia.

En ese abrazo, sintiendo su cuerpecito cerca del mío y a Rossella a mi lado, una oleada de emociones me invadió. La pureza y autenticidad de sus palabras me revelaron que mi papel como padre trascendía la educación y la protección; también fue un viaje de escucha, aprendizaje y crecimiento compartido.

Y en ese silencio, enriquecido por el amor y el suave romper de las olas, aprendí una de las lecciones más significativas de mi vida.

Gracias, hijos míos, por elegirme.

Código de relación: alquimia oculta

Este ejercicio es una aventura exploratoria hacia las profundidades de tus relaciones, un viaje para descubrir y fortalecer los vínculos ocultos que nos unen a los demás. Como un explorador que descubre tierras inexploradas, él te guiará a través del laberinto de las interacciones humanas, revelando tesoros escondidos de comprensión y amor. Está diseñado para transformar incluso los momentos más comunes en ocasiones de conexión profunda, generando esa risa espontánea que calienta el corazón y esa conciencia que nos hace decir "¡Esto es lo que realmente importa!".

Paso 1: preparar el suelo

- Elija un lugar tranquilo y acogedor donde usted y su interlocutor (un familiar, amigo o colega) puedan sentirse cómodos.

- Elimine cualquier posible distracción, especialmente los dispositivos electrónicos, para crear un ambiente tranquilo y concentrado.

Paso 2: escuchar y compartir activamente

- Inicie un diálogo sobre un tema de su elección, algo que ambos consideren interesante o importante.

- Cuando uno habla, el otro escucha sin interrumpir ni juzgar, permitiendo compartir libre y auténticamente.

- No es necesario que proporciones soluciones o consejos; el objetivo es comprender y conectar.

Paso 3: Momento de ligereza

- Durante la conversación, inserte una historia o anécdota divertida capaz de provocar una risa colectiva. Por ejemplo, podrías hablar de esa vez que, por distracción, usaste dos calcetines completamente diferentes todo el día, o de cómo un intento fallido de hacer un pastel se transformó mágicamente en una pizza casera inusual pero sabrosa. Estos momentos de ligereza son claves para aligerar el ánimo y fortalecer los vínculos entre ustedes.

- La risa es una poderosa herramienta de conexión. Consigue abrir el corazón y aligerar el espíritu, creando un ambiente de compartir e intimidad. Saber reírnos de nosotros mismos es un arte que nos enseña a no tomarnos demasiado en serio, permitiéndonos así distanciarnos de nuestro Ego y derribar las barreras que a veces nos separan de los demás. Esta espontaneidad y autenticidad en las interacciones enriquece la experiencia de todos, haciendo que el momento juntos sea aún más especial y memorable.

Paso 4: Reflexión individual

- Después de la conversación, tómate un momento para reflexionar personalmente sobre la experiencia.

- Piensa en lo que aprendiste sobre tu pareja y cómo esta experiencia afectó tu relación.

Paso 5: Compartir reflexiones

- Si te sientes cómodo, comparte tus reflexiones sobre la experiencia.

- Expresar agradecimiento por compartir y escucharse unos a otros.

A través de este ejercicio, descubrirás la "alquimia oculta" en tus relaciones, esas conexiones profundas y significativas que se revelan cuando nos comprometemos a estar verdaderamente presentes y abiertos unos con otros. Esta práctica ofrece una preciosa oportunidad para redescubrir la magia intrínseca de las interacciones cotidianas, fortaleciendo los vínculos que embellecen nuestra existencia. Más que una simple actividad, es una invitación a cultivar un terreno fértil para relaciones auténticas y significativas, que puedan enriquecer todos los aspectos de la vida. Y para quienes buscan pareja, esta puede ser una forma de establecer una conexión auténtica y profunda de inmediato.

Prosperidad íntima

"El verdadero viaje de descubrimiento no consiste en buscar nuevas tierras, sino en tener nuevos ojos."

~Marcel Proust

Identidad más allá del rol

En mi viaje para encontrar el equilibrio entre la vida espiritual y el éxito financiero, he comprendido la importancia crucial de reconstruir experiencias pasadas, tejiendo así el rico mosaico de nuestra identidad. Este viaje puede ser complicado, especialmente cuando nos sumergimos demasiado en nuestros roles y perdemos de vista nuestra esencia auténtica. Como empresario, he experimentado este dilema de primera mano, una experiencia que no es infrecuente incluso entre aquellos que navegan en aguas de prosperidad y salud material.

Para muchos, el éxito profesional se convierte en una máscara que llevan con orgullo, pero debajo de la cual se esconde una pregunta inquietante: ¿quién soy yo más allá de este rol? Al explorar esta cuestión, descubrí que nuestra identidad es un caleidoscopio de experiencias, creencias y relaciones, no una estatua inmóvil sobre un pedestal de logros profesionales. La verdadera esencia de un individuo reside en su capacidad de fluir y cambiar, como un río que cambia de curso, manteniendo su naturaleza fundamental.

Este proceso de autoindagación no es para personas débiles de corazón. Es un poco como llevar una camisa con los botones mal abrochados: al principio puede parecer que todo va bien, pero luego te das cuenta de que algo no va bien. Y como en ese momento de realización, cuando decides si empezar de nuevo o continuar con la esperanza de que nadie se dé cuenta, incluso en el viaje de autodescubrimiento te enfrentas a opciones similares. Este camino requiere valentía, honestidad y, en ocasiones, una sonrisa irónica ante nuestras imperfecciones.

He integrado en mi práctica las técnicas de la psicología moderna con las enseñanzas del chamanismo, dándome cuenta de que nuestra identidad es un rompecabezas formado por piezas de diferentes formas y colores. Algunas piezas representan nuestros éxitos y los roles que hemos asumido, otras son recuerdos de la infancia, experiencias emocionales, relaciones, sueños y aspiraciones. Sólo a través de una cuidadosa observación y aceptación de cada pieza podemos recomponer una imagen auténtica de nosotros mismos, una imagen que celebre nuestra singularidad más allá de las etiquetas sociales y profesionales.

A través del viaje de autodescubrimiento, podemos aprender a equilibrar nuestras aspiraciones materiales con nuestras necesidades espirituales, creando una sinergia que no sólo enriquece nuestras vidas, sino que también nos permite vivir con un sentido más profundo de propósito y satisfacción. Es un camino que nos enseña a bailar al ritmo de nuestro espíritu, sin dejar de estar arraigados en la realidad terrenal de nuestra existencia diaria.

Sinergia de ciencia y espíritu

Al intentar fusionar los misteriosos caminos del chamanismo con el riguroso campo de la ciencia moderna, he descubierto un enfoque único, un poco como combinar el misticismo de un monje tibetano con la precisión de un físico cuántico. Esta práctica híbrida nos permite examinar nuestros comportamientos diarios desde una perspectiva tanto psicológica como neurocientífica, reconociendo que muchas dolencias físicas tienen sus raíces en problemas emocionales, mentales y espirituales.

Según la investigación de la neurociencia, sabemos que el cuerpo y la mente están intrínsecamente conectados. Según Damasio en "El error de Descartes: la emoción, la razón y el cerebro humano" (1994)[13], las emociones y la razón juegan un papel crucial en el proceso de toma

---

[13] Referencia en el capítulo "Referencias bibliográficas"

de decisiones. Esto implica que el bienestar físico está profundamente entrelazado con el bienestar mental y emocional.

Por lo tanto, la curación requiere un enfoque holístico. Un estudio realizado por Lutz, Greischar, Rawlings, Ricard y Davidson (2004), publicado en "Proceedings of the National Academy of Sciences"[14], muestra cómo la meditación puede cambiar la actividad cerebral de una manera que mejora las emociones positivas y la conciencia interior. Estos hallazgos resaltan la importancia de tratar al individuo como un todo, integrando mente, cuerpo, emociones y espíritu.

Este libro le guía para integrar tales descubrimientos científicos con las enseñanzas chamánicas. La sinergia entre ciencia y espíritu no es sólo teórica, sino una práctica viva que puedes incorporar a tu vida diaria. Es como bailar entre dos mundos, donde la lógica se encuentra con la intuición y el pensamiento analítico se fusiona con la sabiduría espiritual.

A través de esta fusión, tu viaje de curación se convierte en una aventura exploratoria, donde no sólo utilizas tu cerebro y tu lógica, sino también tu corazón y tu alma. Esta combinación de ciencia y espiritualidad proporciona un camino de curación que tiene base científica y es espiritualmente enriquecedor, abriendo nuevas posibilidades para su bienestar integral.

Las raíces del ser

Profundizando en el tema de la sinergia entre ciencia y espíritu, exploramos cómo el condicionamiento recibido en la infancia, especialmente en los primeros siete años, influye profundamente en

---

[14]Referencia en el capítulo "Referencias bibliográficas"

quiénes somos. Durante este período crucial, se forman conexiones neuronales clave en el cerebro de su hijo que pueden tener un impacto a largo plazo en su desarrollo emocional y psicológico.

Los estudios de psicología del desarrollo, como los de John Bowlby y Mary Ainsworth sobre las teorías del apego, han demostrado cómo las experiencias tempranas influyen en los patrones de apego y comportamiento en relaciones futuras. Su trabajo, como se describe en "Patrones de apego: un estudio psicológico de la situación extraña" (Ainsworth et al., 1978)[15], revela que las interacciones tempranas con los cuidadores juegan un papel fundamental en la formación de la personalidad y las habilidades relacionales.

Además, la investigación neurocientífica muestra cómo estas experiencias infantiles afectan la estructura física del cerebro. Un estudio de Teicher et al., "Las consecuencias neurobiológicas del estrés temprano y el maltrato infantil" (Neuroscience & Biobehavioral Reviews, 2003)[16], revela cómo el trauma infantil puede provocar cambios duraderos en áreas del cerebro relacionadas con las emociones y la memoria.

Este conocimiento le permite comprender mejor las raíces de sus comportamientos actuales. A través de un camino que combina la introspección psicológica y técnicas de sanación espiritual, podrás comenzar a trabajar estas raíces profundas. El libro te guía a través de ejercicios de meditación y reflexión, ayudándote a explorar y reelaborar estas experiencias de la infancia para encontrar una mayor paz interior y una mayor comprensión de ti mismo.

---

[15]Referencia en el capítulo "Referencias bibliográficas"
[16]Referencia en el capítulo "Referencias bibliográficas"

La integración de estas prácticas con el conocimiento científico ofrece un camino de curación y comprensión holística, que no trata simplemente síntomas superficiales, sino que profundiza en lo más profundo de tu ser, ofreciéndote la oportunidad de transformar profundamente tu vida.

Imagina tu mente como un jardín fértil. Es posible que algunas plantas, cultivadas a partir de semillas plantadas en sus primeros años de vida, ya no sean necesarias o incluso perjudiciales para su bienestar actual. La forma más eficaz de combatir estas malas hierbas no deseadas es llegar a sus raíces profundas. Extraerlos conscientemente te permitirá cultivar un jardín interno más sano y armonioso, donde podrán florecer nuevos pensamientos y comportamientos más constructivos.

Observadores de nosotros mismos

Durante mis viajes por la selva amazónica, he tenido el privilegio de conocer sabios chamanes tradicionales, como el respetado Gran Maestro Taita Querubin Queta Alvarado. Su capacidad para conectarse profundamente con la naturaleza y acceder a estados ampliados de conciencia a través de rituales y prácticas ancestrales ha sido una revelación. La humildad de estos maestros me impactó profundamente y, aunque me di cuenta de que mi camino nunca sería el de un chamán tradicional, al no haber nacido en una tribu que transmitió este conocimiento, aprendí preciosas lecciones de esta experiencia.

Uno de los aspectos más importantes que he observado en los chamanes es el esfuerzo por aplicar la conciencia y la visión chamánicas en la vida cotidiana, fuera de las ceremonias. Este intento de mantener un estado de "vacío" o de pura observación, que se experimenta en las ceremonias chamánicas, es fundamental. He aprendido que puede ser una herramienta poderosa para convertirnos en observadores cuidadosos de nosotros mismos, permitiéndonos crear conscientemente nuestra realidad.

Al incorporar estas enseñanzas de manera práctica en mi vida, he experimentado una transformación significativa. Esto me llevó a compartir con mis alumnos cómo ellos también pueden aplicar esta sabiduría en su vida diaria. A través de la introspección y la conciencia, podemos revelar los aspectos más profundos de nuestro ser y utilizar este conocimiento para vivir una vida más equilibrada y satisfactoria. Combinar estas antiguas prácticas chamánicas con un enfoque moderno nos permite explorarnos y comprendernos mejor a nosotros mismos, allanando el camino para una mayor abundancia en todos los aspectos de la vida.

Mientras revisaba las páginas de este libro, me llegó una noticia importante, trayendo consigo una racha de asombro melancólico: el Gran Maestro Taita Querubin, después de haber navegado a través de un siglo y una década de vida terrena, había elegido adoptar una nueva forma de existencia. . Por eso decidí compartir con ustedes el mágico encuentro con él.

La fama de Taita Querubin como maestro entre maestros ha cruzado, con el tiempo, los límites de lo visible y lo invisible, reuniendo a su alrededor un círculo de discípulos, algunos de los cuales hoy son célebres como luminarias de su generación. Un día, mientras el alba se extendía perezosamente sobre las tierras del Putumayo en Colombia, después de regresar de una noche de ceremonia bajo la dirección de uno de estos maestros, un impulso irreprimible me empujó a confiar a un amigo, Francesco, la premonición que había tenido: que esa misma noche me fue anunciado que encontraría al Gran Maestre.

Aunque las condiciones físicas habían impedido durante mucho tiempo que Taita Querubin dirigiera activamente las ceremonias, un sentimiento indefinible me aseguró que nuestros caminos se cruzarían.

"¡Sí, sería bonito, pero lo veo muy complicado, si no imposible!". Esta mezcla de escepticismo y realismo de Francesco se justificaba teniendo en cuenta la avanzada edad del Maestro y el asiduo cuidado de su familia. Tenemos otros planes guardados. Después de meses de delicados intentos por parte de mi amigo y de esperanzas colgando de un hilo, fue el propio Taita Querubin quien expresó su deseo de unirse a nosotros, trastocando todas las expectativas razonables.

Cuando el día tan esperado finalmente se materializó ante nuestros ojos incrédulos, me encontré frente a un hombre sumamente presente con la claridad de un joven. Le acogí ofreciéndole el apoyo de mi brazo que él, con la tenacidad propia de los espíritus libres, aceptó con gratitud. Caminamos juntos a su ritmo hasta cubrir el último tramo del camino.

Fui testigo de dos noches de ceremonias extraordinarias, experiencias que superaron todas mis expectativas, revelando la amplia gama de emociones humanas e inspirando en mí una profunda admiración por tal maestría. La primera noche pedí permiso para tocar una de mis canciones "Cura Yagé". Cuando cogí la guitarra me animó la emoción de poder tocar delante de él: "¡qué maravilla!", el elogio del Maestro por mi modesto aporte musical, fue un regalo que aún resuena en mi alma.

Sin embargo, lo que más me llamó la atención ocurrió en el intervalo entre una ceremonia y otra. En una tarde particularmente soleada, encontramos el momento para una conversación profunda, salpicada de risas genuinas y espontáneas. Me envolvió una emoción profunda, una mezcla de reverencia y asombro que sólo un niño puede sentir ante la inmensidad del mar o la infinidad del cielo estrellado. Frente a él me sentía al mismo tiempo diminuta, como un grano de arena en el desierto, e inmensa, como si mi espíritu se expandiera más allá de los límites de lo visible. Fue como si en ese momento hubiera vislumbrado el Universo entero reflejado en sus ojos, un universo en el que cada pregunta encuentra una respuesta y cada alma tiene su lugar.

Taita supo reír, este intercambio impregnado de sabiduría ancestral y risas que resonaban con la autenticidad de los momentos compartidos, me enseñó que la vida, en su más pura esencia, es un viaje de descubrimiento. Un camino de iniciación en el que cada encuentro, cada palabra, cada mirada puede revelar un fragmento de ese misterio que buscamos. Gracias a esa tarde, entendí que el camino del espíritu no conoce límites excepto aquellos que nosotros mismos nos imponemos y que, en cualquier momento, podemos elegir ir más allá de ellos, guiados por la luz del conocimiento y el amor que todo lo conecta. .

"Esta noche prepárense", dijo, mirándonos a Francesco y a mí, "porque les ofreceré curación". Inmediatamente comprendimos su importancia porque en las tribus chamánicas recibir este ritual del Gran Maestro se considera un evento especial y un gran honor. Los efectos curativos físicos y emocionales que sentí me hicieron darme cuenta de que su poder estaba mucho más allá de una dimensión terrenal. Había liberado espacio en mi alma.

Gracias, Gran Maestro, por el viaje que compartimos y las lecciones que enseñamos, un legado que seguirá iluminando mi camino y el de muchos otros. ¡Buen viaje, Maestro, en su nuevo estado de ser!

Código de Prosperidad: el vacío chamánico

¡Felicitaciones por llegar tan lejos en su viaje! Y tengo que admitirlo, a pesar de mis numerosas digresiones sobre mi historia personal que, lo sé, te han hecho poner los ojos en blanco varias veces y pensar: "¿A quién le importa?". Ahora ha llegado el momento de poner en práctica todo lo que pacientemente has aprendido leyendo estas páginas y jugando con los "códigos" propuestos. Prepárese para explorar el estado de "vacío chamánico", una condición de conciencia tan poderosa como misteriosa, donde la mente y el corazón se sincronizan como una pareja de ancianos terminando las frases del otro. Y no olvidemos activar el centro energético en el plexo solar, sí, esa misma zona encima del estómago donde sueles escuchar los ruidos cuando te saltas el desayuno. En este estado, abierto a infinitas posibilidades y quizás incluso a algunos bocadillos, te convertirás en un observador consciente de tu pasado, presente y esos futuros potenciales que hasta ahora sólo habías soñado. Combine la sabiduría de las antiguas enseñanzas chamánicas con los descubrimientos científicos modernos sobre la coherencia entre el corazón y la mente, y comience a caminar hacia una vida más equilibrada y aún más próspera.

Paso 1: Preparación y Centrado

- Bueno, ¿recuerdas ese "ritual personal" que juntaste con el "código del chamán"? Espero que no lo hayas olvidado en algún rincón polvoriento de tu mente. ¡Es hora de sacarlo del cajón!

- Toma asiento en tu lugar "sagrado".

- ¡Siéntate o acuéstate cómodamente pero permanece Presente!

- Respirar profundamente. Deja que cada respiración sea como una ola que te aleje del caos del día. Imagina que cada suspiro libera un pedacito de esa tensión que llevas arrastrando desde… bueno, desde hace demasiado tiempo.

Paso 2: Coherencia Mente-Corazón

- Concéntrate en tu respiración e imagina una conexión fluida entre tu corazón, tu mente y tu plexo solar.

- Visualiza una energía que los une, llevándote a un estado de coherencia y tranquilidad. Siente cómo el calor se intensifica en estos puntos.

Paso 3: accede al vacío chamánico

- En este estado de calma, abre tu mente al concepto de "vacío", un espacio de infinitas posibilidades.

- Deja ir los pensamientos y permítete entrar en un estado de ser puro y observación.

Paso 4: contemplación de las posibilidades

- Mientras estés en este estado de vacío, reflexiona sobre las infinitas posibilidades de tu vida.

- Considera cómo cada decisión y pensamiento puede afectar tu camino.

Paso 5: establezca una intención

- Con claridad y determinación, establece una intención para lo que quieres manifestar en tu vida.

- Deja que esta intención se arraigue profundamente en tu ser.

Paso 6: Retorno e Integración

- Lentamente, regrese a la conciencia ordinaria.

- Reflexiona sobre cómo aplicar esta conciencia en tu vida diaria, manteniendo una conexión con el vacío chamánico.

A través de este ejercicio, descubrirás tu capacidad para co-crear tu realidad. La práctica constante te permitirá utilizar el poder del vacío chamánico para crear una vida de equilibrio, prosperidad y satisfacción, recordándote que eres el creador de tu experiencia de vida y que cada momento es una oportunidad de crecimiento y transformación.

El futuro del valor

¡Nada es más poderoso que ser uno mismo!

~Antonio Siano

Equilibrio entre lo espiritual y lo material

En mi viaje para encontrar el equilibrio entre la espiritualidad y los bienes materiales, descubrí una verdad fundamental: no tenemos que elegir entre nuestro bienestar interior y nuestro éxito exterior. Me enseñó que el verdadero valor reside en cultivar una presencia consciente y significativa en las vidas de quienes nos rodean.

La riqueza material y el crecimiento espiritual pueden coexistir en armonía, enriqueciéndose mutuamente. En mi vida lograr el equilibrio entre estas dos dimensiones se ha convertido en un pilar fundamental. Hoy reconozco la importancia del confort y la seguridad que el dinero puede ofrecer, junto con el valor esencial de la riqueza interior.

Esta conciencia me ha llevado a compartir mis conocimientos de manera práctica, a través de ejemplos tangibles e historias inspiradoras que demuestran cómo es posible que cada uno encuentre su propio camino hacia una existencia equilibrada, donde se entrelazan la búsqueda de la felicidad, la salud y la abundancia material. Un camino que puede abarcar tanto la consecución de objetivos externos como el despertar y la valorización de nuestro potencial interno.

He aprendido que al convertirnos en creadores conscientes de nuestra realidad, podemos atraer la prosperidad en todas sus formas. Para mí significa, además de ganar dinero, también atraer relaciones significativas, experiencias enriquecedoras y una sensación de satisfacción personal que puede impregnar todos los aspectos de nuestra vida. Una clave para una vida verdaderamente próspera y significativa.

Prosperidad más allá del dinero

El camino para lograr un enfoque más equilibrado hacia la prosperidad me ha enseñado que perseguir únicamente el dinero puede llevar a un sacrificio innecesario para la salud física y mental. La verdadera prosperidad sigue el camino de nuestro crecimiento personal y espiritual.

Al alinear tus valores más profundos con objetivos materiales, creas un flujo natural y constante de abundancia. La riqueza de las relaciones, la alegría de las pequeñas cosas y la satisfacción de vivir una vida significativa son la verdadera esencia de la prosperidad. Pueden enriquecer todos los aspectos de nuestra vida y ayudarnos a descubrir el equilibrio entre el bienestar material y el crecimiento interior.

La historia de Katy y su esposo Albert es un ejemplo conmovedor de esta verdad.

"Ya no sé qué hacer", comenzó Katy en una llamada telefónica, con la voz llena de desesperación. "Visitamos todos los hospitales más famosos del mundo".

Su confesión me conmovió profundamente, revelando una mezcla de dolor y esperanza perdida que sólo un padre que enfrenta la enfermedad de un niño puede sentir.

"Katy, el primer paso es creer en las terapias y en los médicos", le respondí tratando de infundirle valor. "Pero hay algo más profundo que debemos abordar, algo que les concierne a usted y a su marido".

Así, el lujo de viajar en jet privado y una vida de extrema comodidad que Katy y Albert conocían bien chocaron con la sencillez del retiro que organizamos. Fueron tres días explorando no sólo las complejidades de sus vidas sino también sus almas.

"Nunca aprendimos a disfrutar realmente lo que tenemos. Siempre era una carrera hacia el siguiente objetivo, sin parar nunca de disfrutar el momento", me confió Katy, sentada frente a mí con sus manos entrelazadas con las de Albert.

Albert, con los ojos brillantes, asintió: "Estos días me han abierto los ojos. Entendí que la verdadera riqueza está aquí, en nuestro estar juntos, en el apoyo que podemos darnos unos a otros".

A través de un intenso trabajo interior y la adopción de diversas prácticas y técnicas, algunas de las cuales se detallan en este libro, profundizamos en las raíces de sus experiencias infantiles. Este camino nos permitió "desbloquear" aquellos patrones de comportamiento repetitivos que habían dejado una huella significativa en su existencia y la de su familia, en particular en su pequeño hijo.

¿El resultado de este viaje? Aproximadamente siete años después, Katy me actualiza periódicamente sobre cómo su relación ha mejorado, se ha vuelto más profunda y más comunicativa, y cómo a su hijo, ahora adolescente, le está yendo mucho mejor y vive una vida envuelta en el amor de su familia.

Katy y Albert también fundaron una organización benéfica para ayudar a familias que enfrentan los mismos desafíos, extendiendo su prosperidad mucho más allá de la dimensión material.

Al compartir su historia, espero haber transmitido la profundidad de su viaje y la esperanza que conlleva. Es una invitación a redescubrir las pequeñas alegrías, los vínculos que nos unen y el crecimiento personal que nos enriquece, demostrando que la verdadera prosperidad va más allá del dinero.

Sostenibilidad personal y global

A través de estas páginas he compartido un fragmento de las lecciones y técnicas que han marcado mi camino. No me convertí en santo, ni gurú, ni nada por el estilo. Soy un ser humano, como tú, que comete errores y afronta fracasos. Sin embargo, lo que realmente ha cambiado para mí es la rapidez con la que ahora reconozco mis errores: lo que antes me habría llevado meses comprender y aceptar plenamente, ahora sucede en segundos. Esta velocidad de realización es el resultado de una sincera honestidad con uno mismo, una herramienta increíblemente poderosa.

El viaje hacia una vida llena de abundancia y relaciones profundas me ha enseñado que la sostenibilidad no es sólo un concepto ambiental, sino también un principio fundamental para nuestro crecimiento personal. Comprender y equilibrar nuestras necesidades materiales y espirituales es crucial para mantener nuestra salud física y mental, evitando agotar nuestros recursos internos.

Paralelamente, la sostenibilidad global requiere un enfoque respetuoso hacia nuestro planeta, que implica proteger el medio ambiente junto con la promoción de una economía y comunidades sostenibles para las generaciones futuras. En este contexto, las relaciones juegan un papel clave. Una red de apoyo sólida, construida sobre conexiones significativas, no solo fomenta nuestro crecimiento personal sino que también estimula un impacto positivo en el medio ambiente y la sociedad.

Al integrar prácticas chamánicas y perspectivas sostenibles en la vida cotidiana, podemos vivir en abundancia sin sacrificar nuestras relaciones ni la salud del planeta. Este camino nos enseña que es posible ser prósperos y responsables al mismo tiempo, ayudando a construir un mundo más equilibrado y sostenible.

Si te han cautivado estas páginas y mis palabras, debes saber que hay mucho más por descubrir y experimentar. Las experiencias transformadoras descritas son sólo el comienzo. Continúa explorando tu búsqueda interior, porque el verdadero valor de la vida reside en tu capacidad de convertirte en tu propio maestro y co-crear tu realidad.

Te invito a reflexionar no sólo sobre lo que has leído, sino también a conectar con tus experiencias personales y ver cómo puedes integrar estas enseñanzas en tu vida diaria. El deseo de felicidad, salud y abundancia es universal y tú tienes el poder de hacerlo realidad. Nunca dejes de buscar, aprender y crecer.

Creación consciente del futuro

¿Cómo nos despedimos después de este largo diálogo en búsqueda de nosotros mismos, donde hemos estado en profunda conexión? Tal como lo haría de cerca: con la historia de un encuentro que me enseñó algo. Entre las muchas historias de personas con las que he tenido la suerte de entrelazar mi camino está Michael, pero primero me gustaría informarles sobre Marion. Su amor por la música ha abierto nuevas puertas a su alma y estoy feliz de informarles que una persona especial ha entrado en su vida, un alma en perfecta armonía con la de ella. Cada vez que puede, toma su guitarra y dedica una canción a su pareja, tejiendo melodías que glorifican su amor. Las notas, que emanan directamente de su corazón, rinden homenaje al poder unificador de la música, demostrando cómo puede convertirse en un lenguaje universal de conexión y profundo afecto.

En este ritmo de vida, en un momento determinado hace unos años entró la energía de Michael y la vida me llevó por el camino de Michael, un joven músico de unos veinticinco años, dotado de un talento extraordinario. Su voz tenía el poder de tocar el alma de cualquiera que lo escuchara, pero una terrible enfermedad amenazaba con apagar para siempre ese preciado don, poniendo en riesgo sus cuerdas vocales. Michael provenía de una familia de empresarios exitosos, pero su problemática relación con su padre parecía haberlo afectado profundamente, influyendo en su capacidad para expresarse. Un bloqueo que se manifestaba justo en la garganta, asiento de las cuerdas vocales y centro energético vinculado a la comunicación.

Un momento particular ha quedado grabado de forma indeleble en mi memoria. Durante ese retiro que cambió la vida de Michael me acerqué a él y me miró con unos ojos que reflejaban un mar de emociones reprimidas durante demasiado tiempo. Tuve la impresión de que su mirada estaba a punto de cruzar un umbral invisible, lista para dejar atrás ese enorme peso.

"¿Qué es lo que realmente quieres, Michael?" Le pregunté, infundiendo tanta calma y apoyo como pude a través de mi voz. Las palabras flotaron en el espacio entre nosotros, llenas de palpable anticipación.

Con un suspiro que pareció arrastrar consigo años de silencios no elegidos, Michael respondió, su voz era un hilo fino pero claro: "Quiero que mi alma cante... Quiero ser sincero, mostrarle al mundo mi esencia más profunda". Sus palabras fueron un susurro, pero resonaron con la fuerza de un grito liberador.

Le dije, colocando una mano sobre su hombro en señal de apoyo fraternal: "Es hora de dejar ir todo lo que te agobia. Aquí y ahora, Michael. Libera tu voz, libérate".

Las lágrimas comenzaron a correr por su rostro, primero tímidamente, luego en un flujo imparable. No fueron sólo lágrimas de dolor, sino de revelación, de renacimiento. Michael lloró y todos lloramos con él, unidos en un momento de pura humanidad y de compartir. Ese grito se convirtió en un símbolo de nuestro viaje colectivo hacia la verdad y la autenticidad.

Desde entonces, Michael se ha embarcado en un viaje de continua evolución y descubrimiento, explorando las profundidades de su alma a través de la música. Cada uno de sus nuevos álbumes es un capítulo de esta exploración, un regalo que toca el alma del oyente, recordándonos que cada voz, cuando es auténtica, puede resonar profundamente en el corazón de los demás.

La historia de Michael es un poderoso recordatorio de que el lema "Tu futuro es ahora" ya está realizado en lo más profundo de tu alma. Podemos aprender de él que la transformación más profunda comienza cuando elegimos enfrentar y liberar lo que nos frena, permitiendo que nuestra esencia más pura brille y cante, libre, en el mundo.

Gracias por acompañarme en este viaje narrativo. Escribir este libro fue para mí un viaje de reflexión personal, una confirmación más de la extraordinaria aventura que es la vida. He impregnado estas páginas de la energía de la armonía y del amor, convencido de que han llegado a ti, tal vez no a tu mente consciente, pero sí a tu alma, que siempre está escuchando.

Te animo a que nunca te rindas, a buscar tu verdad todos los días, a dejar que tu voz interior guíe tu camino.

Repite los códigos para desbloquear tu potencial que te he propuesto y busca constantemente la evolución interior. Como vimos en 'El Código del Chamán: El Ritual', la aplicación diaria de estos principios tiene el poder de transformar tu realidad y cambiar profundamente tu percepción de la misma.

Y nunca lo olvides: ¡una sonrisa genuina y una risa sincera son aliados incomparables en este magnífico viaje tuyo!

Te invito a convertirte en el chamán moderno de tu vida y quiero dejar una cosa clara: no estoy sugiriendo que te conviertas en ese tipo de chamán que, sentado en la mesa de un restaurante, saca la wayra de la bolsa para "energizarse". " la ensalada, provocando un espectáculo tan extraordinario que incluso el camarero se detiene a tomar notas sobre el "nuevo condimento espiritual". Tampoco estoy proponiendo que reciten fórmulas de éxito financiero en sus balances corporativos, esperando que los números rojos se conviertan mágicamente en negros. Más bien, el viaje que te propongo es sintonizarte con tu intuición y las energías que te rodean, en todos los aspectos de la vida diaria, sin recurrir necesariamente a gestos externos tan... exóticos.

Recuerda, el mayor poder reside en la simplicidad de tus acciones diarias, la autenticidad de tu ser y la capacidad de reírte de ti mismo, especialmente cuando te sorprendes contemplando si el aura de tu planta de interior necesita un poco de limpieza. con la wayra.

Cuando necesite un recordatorio, una señal o simplemente una risa, vuelva a estas páginas. No los consideres simplemente tinta sobre papel; Estas son instrucciones reales para navegar por la jungla de la vida. Y ahora, te veo levantar una ceja y preguntar: "¿Puede un tipo que se hace llamar 'el chamán moderno' realmente ayudarme a encontrar el camino hacia una vida mejor? ¿En serio, Antonio?". Bueno, ahora es tu turno. Conviértete en el chamán de tu camino, creador de tu destino. Este libro es sólo el comienzo: la verdadera aventura está en tus manos.

Esta es tu epopeya, oh chamán de nuestros tiempos, y el gran epílogo... que, querida, es tuyo para escribir.

¡Aslepay y que tengas un buen viaje!

Referencias bibliográficas

1. Ferriss, T. (2017). Tribe of Mentors: Short Life Advice from the Best in the World. Houghton Mifflin Harcourt.

2. Orwell, G. (1949). 1984. Parte 2, Capítulo 9. Recuperado de https://www.allgreatquotes.com/nineteen-eighty-four-95/

3. Norman Vincent Peale, 'El poder del pensamiento positivo' APA: Peale, N. V. (1952). El poder del pensamiento positivo.

4. Alfieri, V. (1804). Vida de Vittorio Alfieri de Asti escrita por él mismo.

5. Malsert, J., Palama, A., & Gentaz, E. (2020). Este estudio se centró en el desarrollo de la percepción facial emocional en niños de diferentes edades, explorando la aparición de un efecto de otra raza emocional. Batty, M., & Taylor, M. J. (2006). Su investigación investigó el desarrollo del procesamiento facial emocional durante la infancia. Lemerise, E. A., & Arsenio, W. F. (2000). Este trabajo propuso un modelo integrado de procesos emocionales y cognición en el procesamiento de información social. Crick, N. R., & Dodge, K. A. (1994). Revisaron y reformularon mecanismos de procesamiento de información social en el ajuste social de los niños. Barrett, L. F., & Satpute, A. B. (2013). Su investigación contribuyó a la comprensión de las redes cerebrales a gran escala en la neurociencia afectiva y social. Nook, E. C., et al. (2018). Este estudio examinó el desarrollo no lineal de la diferenciación emocional, destacando que la experiencia emocional granular es baja en la adolescencia.

6. Napoleon Hill: "Piense y hágase rico" APA: Hill, N. (1937). Piense y hágase rico. Wallace D. Wattles: "La ciencia de hacerse rico" APA: Wattles, W. D. (1910). La ciencia de hacerse rico. Ralph Waldo Emerson: "Autoconfianza" APA: Emerson, R. W. (1841). Autoconfianza. William Walker Atkinson: "Vibración del pensamiento o la ley de atracción en el mundo del pensamiento" APA: Atkinson, W. W. (1906). Vibración del pensamiento o la ley de atracción en el mundo del pensamiento. Eckhart Tolle: "El poder del ahora" APA: Tolle, E. (1997). El poder del ahora.

7. Beversdorf, D. Q., et al. (2007). Modulación beta-adrenérgica de la flexibilidad cognitiva durante el estrés. Journal of Cognitive Neuroscience, 19, 468–478.

8. Beversdorf, D. Q. (2018). Estrés, farmacología y creatividad. En The Cambridge Handbook of the Neuroscience of Creativity.

9. Beversdorf, D. Q. (2019). Regulación neuropsicofarmacológica del rendimiento en tareas relacionadas con la creatividad. Current Opinion Behavioral Sciences, 27, 55–63. Bower, J. E., & Kuhlman, K. R. (2023). Psiconeuroinmunología: Una introducción a la comunicación inmuno-cerebral y sus implicaciones para la psicología clínica. Annual Review of Clinical Psychology, 19, 331-359. doi: 10.1146/annurev-clinpsy-080621-045153. Disponible en: https://pubmed.ncbi.nlm.nih.gov/36791765/

10. Black, D. S., & Slavich, G. M. (2016). Meditación mindfulness y el sistema inmunológico: una revisión sistemática de ensayos controlados aleatorios. Annals of the New York Academy of Sciences, 1373(1), 13-24. doi: 10.1111/nyas.12998. Bennett, D.

(2021). La meditación produce una robusta activación del sistema inmune, encuentran investigadores de UF Health. University of Florida Health. Recuperado el 14 de diciembre de 2021. Disponible en: https://ufhealth.org/news/2021/meditation-brings-robust-immune-system-activation-uf-health-researchers-find

11. Bradt, J., Dileo, C., Magill, L., & Teague, A. (2016). Intervenciones musicales para mejorar los resultados psicológicos y físicos en personas con cáncer - PubMed. Cochrane Database of Systematic Reviews. Jorgie Ann Contreras. (2022). La música como medicina: Un análisis conceptual - PubMed. Creative Nursing. https://pubmed.ncbi.nlm.nih.gov/36411048/ Zhang, J. M., Wang, P., Yao, J. X., Zhao, L., Davis, M. P., Walsh, D., & Yue, G. H. (2012). Intervenciones musicales para resultados psicológicos y físicos en cáncer: una revisión sistemática y metaanálisis - PubMed. Support Care Cancer.

12. National Cancer Institute. (n.d.). Aromaterapia y aceites esenciales (PDQ®)–Versión para pacientes. Recuperado del sitio web del National Cancer Institute. Cho, M. Y., Min, E. S., Hur, M. H., & Lee, M. S. (2009). Los efectos de la aromaterapia en el estrés y las respuestas al estrés en adolescentes. Journal of Korean Academy of Nursing, 39(3), 357-365. Recuperado de PubMed. Jimbo, D., Kimura, Y., Taniguchi, M., Inoue, M., & Urakami, K. (2009). Efecto de la aromaterapia en pacientes con enfermedad de Alzheimer. Psychogeriatrics, 9(4), 173-179. Recuperado de PubMed.

13. Heráclito. (circa 500 a.C.). Fragmentos. En Diels, H., & Kranz, W. (Eds.), Die Fragmente der Vorsokratiker (Vol. 1). Weidmannsche Verlagsbuchhandlung.

14. Damasio, A. R. (1994). "El error de Descartes: La emoción, la razón y el cerebro humano". Nueva York: G.P. Putnam's Sons.

15. Lutz, A., Greischar, L. L., Rawlings, N. B., Ricard, M., & Davidson, R. J. (2004). "Meditadores a largo plazo autoinducen sincronía de alta amplitud en gamma durante la práctica mental". Proceedings of the National Academy of Sciences, 101(46), 16369-16373.

16. Ainsworth, M. D. S., Blehar, M. C., Waters, E., & Wall, S. (1978). "Patrones de apego: Un estudio psicológico de la Situación Extraña". Hillsdale, NJ: Lawrence Erlbaum.

17. Teicher, M. H., Andersen, S. L., Polcari, A., Anderson, C. M., Navalta, C. P., & Kim, D. M. (2003). "Las consecuencias neurobiológicas del estrés temprano y el maltrato infantil". Neuroscience & Biobehavioral Reviews, 27(1-2), 33-44.

Apéndice: ¡Únase al viaje!

¡Hola querido viajero del mundo interior! Si las páginas de este libro te han tocado, el viaje no termina aquí. Hay todo un universo de exploración y crecimiento esperándote, y estoy emocionado de compartir aún más herramientas para tu viaje.

Sitio web y meditaciones guiadas: Visita mi sitio web https://antoniosiano.com para acceder a meditaciones guiadas gratuitas. Son perfectos para profundizar tu práctica y llevarte a nuevos estados de conciencia.

Medios de comunicación social: Sígueme en las redes sociales para recibir actualizaciones diarias, consejos y una buena dosis de inspiración. Encontrarás publicaciones llenas de energía positiva, anuncios sobre mis eventos y mucho más.

Pódcast: Si te encanta escuchar historias e ideas sobre la marcha, no te pierdas mi podcast "The Awakening Podcast" disponible en YouTube, Spotify, Apple Podcasts, Google Podcasts y muchas otras plataformas digitales. ¡Es una mezcla de sabiduría, historias de vida y una pizca de humor chamánico!

Medicina musical: ¿Quieres darle un toque mágico a tu día? Escucha mis canciones de música medicinal, disponibles en spotify, apple, amazon y muchos otros. Es como una caricia para el alma y un refuerzo para el espíritu.

Curso por Internet: Para profundizar aún más en el mundo del chamanismo moderno, consulte mi curso en línea disponible en el sitio. https://antoniosiano.com. Es una oportunidad única para aprender las prácticas y perspectivas que han enriquecido mi camino.

Comunidad exclusiva: Únase a nuestra comunidad en línea para conectarse con otros viajeros con ideas afines. Tendrás acceso a descuentos especiales, webinars exclusivos y mucho más. Compartir con compañeros de viaje puede marcar la diferencia en tu viaje.

Sigamos conectados: Mi misión es apoyarte en tu viaje de crecimiento y transformación. Recuerde, no está solo en este viaje. Juntos podemos explorar los territorios inexplorados del alma y desbloquear nuestro potencial ilimitado.

Gracias por ser parte de este viaje chamánico. Recuerda, cada paso que das es un paso hacia tu Verdadera Esencia. Y estaré aquí para celebrar todos sus éxitos.

Con mucho amor y risa chamánica.

9 798224 411092